Juguetes suaves

Recorta y cose tus propios juguetes originales

Sara Gerlings

Grupo Editorial Tomo, S.A. de C.V.,
Nicolás San Juan 1043,
03100, México, D.F.

1a. edición, abril 2013.

Soft Toys
Sara Gerlings
Copyright © 2012 Arcturus Publishing Limited
26/27 Bickels Yard, 151-153 Bermondsey Street,
London SE1 3HA

© 2013, Grupo Editorial Tomo, S.A. de C.V.
Nicolás San Juan 1043, Col. Del Valle
03100 México, D.F.
Tels. 5575-6615, 5575-8701 y 5575-0186
Fax. 5575-6695
http://www.grupotomo.com.mx
ISBN-13: 978-607-415-494-8
Miembro de la Cámara Nacional
de la Industria Editorial No. 2961

Traducción: Graciela Frisbie
Diseño de portada: Karla Silva
Formación Tipográfica: Armando Hernández R.
Supervisor de producción: Leonardo Figueroa

Este libro se publicó conforme al contrato establecido entre
Arcturus Publishing Limited y *Grupo Editorial Tomo, S.A. de C.V.*

Impreso en México - *Printed in Mexico*

TABLA DE CONTENIDO

INTRODUCCIÓN

Los animales de peluche evocan muchos recuerdos y hacer los tuyos puede ser una extensión placentera de evocar recuerdos. Al crear tus propios animales y juguetes, el mayor placer en la producción es observar la forma en la que se desarrolla el carácter individual del animal o el juguete.

Este libro contiene muchas personalidades nuevas que están esperando surgir a la vida. A través del uso de diferentes telas, encontrarás un enfoque único a la fabricación de animales de peluche, desde el sencillo ratón a la combinación de frutas y vegetales de fieltro, pasando por los objetos más desafiantes como la bola china. Cada uno está clasificado de acuerdo al nivel de destreza que se requiere, avanzando a través del libro desde el nivel de principiante hasta la costurera más diestra y audaz.

Al principio de este libro se incluyen capítulos sobre el equipo y los materiales, así como también métodos y técnicas. Aquí encontrarás información y consejos para ayudarte a que tus nuevos personajes adquieran acabados más profesionales.

Cada conjunto de instrucciones establece las dimensiones que tendrá el juguete una vez que esté totalmente terminado, junto con la cantidad de tela que necesitarás para duplicar los animales y juguetes que se muestran en las fotografías de la cubierta. Si los personajes originales no son suficientes, no hay necesidad de poner límites a tu imaginación. Al sustituir telas con las texturas y colores que deseas, podrás crear una colección personal única.

Con la excepción de tres animales y juguetes (el extraterrestre, el cerdito y la muñeca rusa, cuyos tamaños originales requieren que los patrones se aumenten de antemano), las rejillas de los patrones se pueden usar directamente tomándolos de las páginas para producir un juguete del tamaño que se indica. Sin embargo, el sistema de rejilla significa que puedes trabajar en cualquier tamaño que desees al seguir la guía para aumentar o reducir la escala de las piezas en los patrones. Una vez que hayas cortado la tela, estarás lista para seguir las instrucciones ilustradas, paso a paso, y crear algunos regalos realmente apreciados, o tal vez crear un recuerdo para ti.

EQUIPO Y MATERIALES

A. Agujas y alfileres

B. Tela y carretes de hilo

C. Dedal

D. Tijeras para abrir costuras

E. Tijeras de costura

F. Tijeras para papel y cartón

G. Tijeras de bordado

H. Cinta métrica

I. Marcador para tela

J. Gis (tiza) de modista

K. Hilo de bordado

L. Regla transparente

M. Papel carbón para trazos

N. Papel milimétrico para
   modificar las escalas
   de los patrones

O. Plancha

P. Máquina de coser

Telas, rellenos e hilos

TODA TELA TEJIDA PERTENECE A UNO DE TRES TIPOS

El tejido simple Los hilos de la urdimbre (a lo largo) pasan por encima y por debajo de cada uno de los hilos de la trama (a lo ancho). La muselina, el percal (calicó*), la popelina, la batista, el organdí y el tafetán son ejemplos de este tipo de tejido.

La tela de ligamento cruzado o sarga entrelaza los hilos de la urdimbre y la trama pasando por dos o más hilos progresivamente. Esto produce un claro patrón diagonal en la superficie de telas resistentes como el dril, la gabardina o la mezclilla.

El tejido de raso presenta una superficie uniforme y compacta creada por trozos largos de urdimbre (por lo general de seda, algodón, acetato o rayón) que no permiten que la trama sea visible; lo inverso sería una tela mate. Si los trozos largos son de trama, la tela recibe el nombre de "satín". En ambos casos, la superficie brillante tiende a desgarrarse.

FIELTRO

Es una tela que no es tejida, que no se deshilacha, ideal para la fabricación de animales y juguetes y para agregar detalles como los ojos y la nariz. Hecha de fibra comprimida, el fieltro de buena calidad contiene un porcentaje de lana real. Viene en muchos colores brillantes, aunque la luz solar directa puede hacer que se decolore con el tiempo. El fieltro puede ser cosido o pegado con pegamento a otra tela.

LA FIBRA

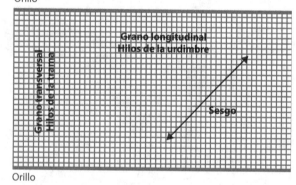

La fibra de una tela es la dirección en que están colocados los hilos de la trama y de la urdimbre. La urdimbre es longitudinal, paralela al orillo (extremo de una pieza de tela que suele tener distinto aspecto que el resto); éste es el grano longitudinal. La trama sigue el grano transversal, en ángulo recto al grano longitudinal y al orillo.

La lanilla de una tela está relacionada con el grano. Las superficies con pelo, como el terciopelo y la pana, pueden alisarse en una dirección y cepillarse en la otra, siguiendo el grano longitudinal.

RELLENOS

El relleno que se usa más comúnmente, la fibra hueca de poliéster, es flexible, lavable e hipoalergénica. La fibra de la ceiba (también conocida como kapok) es una fibra vegetal natural suave, pero no es lavable. Las fibras son preferibles a los resultados apelmazados que se obtienen al usar algodón absorbente común y corriente o medias viejas cortadas. Nunca deben usarse trozos de hule espuma como relleno, ya que los trozos pequeños de hule espuma representan un riesgo de asfixia para los niños.

* **El calicó:** (Del francés, calicot) es un tejido de algodón, normalmente estampado por una cara con colores vivos. Es originario de la India.

EL SESGO

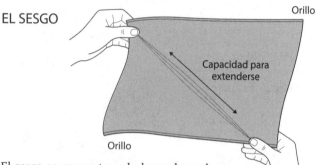

El sesgo se encuentra a lo largo de cualquier línea diagonal entre el grano longitudinal y el grano transversal. El sesgo real está en un ángulo de 45 grados, donde se logra una extensión máxima.

HILOS

Al igual que la tela, los hilos para coser pueden ser naturales o hechos por el hombre, o pueden combinarse. La seda (una fibra animal) es mejor para tejer algunos artículos de lana y de seda. El hilo de algodón va bien con el lino, el algodón y el rayón (al ser de fibras vegetales); no tiene mucha "elasticidad" y es mejor cuando se usa para telas tejidas ajustadas. El algodón puro ha sido reemplazado por el poliéster recubierto de algodón, en donde un núcleo de poliéster proporciona fuerza y elasticidad, mientras que la capa exterior de algodón mercerizado hace que sea suave trabajar con él. En contraste, los hilos de nailon (poliamida) y poliéster se estiran y se recuperan bien, así que son apropiados para las telas sintéticas y tejidas.

El hilo para botones es un hilo útil y resistente para manualidades. El hilo de bordado (tanto en madejas de algodón como en hilo perlé) es ideal para coser rostros y cabello. El hilo para tejido y la lana para alfombras también producen un cabello realista.

MÉTODOS Y TÉCNICAS

Cómo transferir los patrones a la tela

De la página del libro al papel o a la tarjeta A menos que se indique diferente, los patrones de este libro se basan en una rejilla de 15 mm, es decir, exactamente como aparecen en esta página. Si se usan las piezas de los patrones sin agrandarlas o reducirlas, se producirá un animal o un juguete del tamaño que se expresa en la parte superior de las instrucciones.

Para obtener las piezas del mismo tamaño que el patrón, foto-copia la(s) página(s) pertinentes o haz un trazo detallado y lue-go corta con cuidado las formas de papel con tijeras para papel.

Cada patrón incluye el margen para costura y los puntos ana-ranjados indican la tela contrastante.

Sin embargo, puedes hacer estos animales y juguetes de acuer-do a tus propias especificaciones, por ejemplo, un oso Teddy mucho más grande en base a la rejilla indicada (página 47) o una familia de pequeñas muñecas (páginas 26 y 27). Para agrandar o reducir uno de los patrones, fotocopia o escanea las rejillas al tamaño requerido y corta las piezas individuales de ahí.

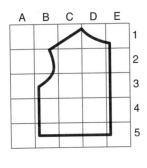

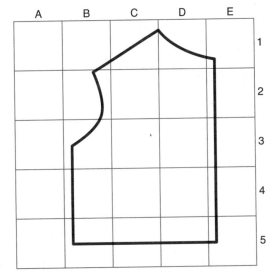

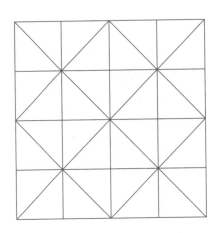

Para cambiar el patrón de la rejilla. En forma alterna, en una hoja de papel milimétrico, marca una nueva rejilla con el mis-mo número de cuadrados, pero más grandes o más pequeños según se desee. A continuación selecciona un punto inicial y sigue el patrón impreso, cuadro por cuadro, copia el contorno, haciendo pausas para verificar que vayas bien. Incluye todos los puntos numerados, la colocación de las orejas y la cola, y la dirección de la lanilla. No te olvides de marcar los espacios donde insertarás el relleno. Algunas personas encuentran que es útil trazar diagonales por encima de las rejillas básicas, lo que proporciona más puntos de referencia para el copiado.

En esta etapa, si estás haciendo varios animales o juguetes a partir del mismo patrón, es una buena idea colocar el papel sin cortar sobre un cartón ligero; el cartón de las cajas de cereales es ideal. Ya sea que se use solo papel, o se haya montado pri-mero al cartón, corta cada pieza del patrón con cuidado con las tijeras para papel.

Del papel o cartón a la tela Toma tu tela y dobla o coloca juntas dos capas por el revés (R) en una superficie firme y pla-na. Cuando el patrón diga "corta dos", corta tus piezas al doble, de esta manera te asegurarás de tener dos formas tan pareci-das como imágenes de espejo. Cuando indique "corta cuatro", corta dos pares.

Usa un marcador de tela para trazar por las plantillas de car-tón que has hecho; de lo contrario, sujeta la pieza de papel del patrón con alfileres directamente a la tela. Ten cuidado en no-tar en qué dirección debe ir la fibra, el sesgo o la lanilla, y lo que es más importante, qué bordes deben colocarse en el do-blez de la tela. Si estás trabajando con una tela estampada, ase-gúrate de que case donde se necesite en las costuras.

Corta la tela con las tijeras de costura. Los detalles más peque-ños —tales como las orejas del ratón— puedes cortarlos con las tijeras de bordado. No permitas que nadie (incluida tú mis-ma) le quiten el filo a tus tijeras de costura o a tus tijeras de bordado por usarlas para cortar papel o cartón.

Cómo usar una máquina de coser

Aunque es posible coser cualquiera de estos patrones a mano, algunos requieren más detalles que otros y con telas tales como el algodón tejido denso y la pana, los mejores resultados se alcanzan con la máquina de coser. Las telas que no se deshilachan como el fieltro o el forro polar* pueden coserse a mano con el punto por encima o con el punto de festón (p. 48) en el revés (R) con muy poco margen para costura, lo cual permite tener un acabado nítido y firme.

Para un efecto similar, las mismas telas deberían coserse a máquina, con puntada recta, no con zigzag. Usa las puntadas más largas (4-6 mm) para las telas más pesadas. Usa las puntadas de longitud mediana (2.5-4 mm) que son apropiadas para las telas medianas y usa puntadas de 2 mm para las telas ligeras.

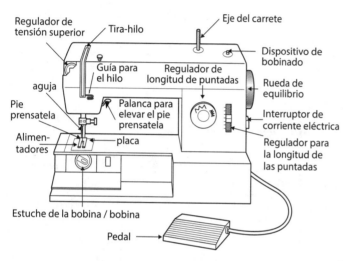

Limpia con regularidad la pelusa que se acumula en los alimentadores y en el área de la bobina. Evita doblar las agujas al levantar mucho la aguja antes de quitar tu trabajo y no lo jales cuando estés cosiendo. Levanta siempre el pie prensatela mientras ensartas el hilo en la máquina de coser y bájalo cuando la guardes. Apaga la corriente por completo antes de desenchufarla, de limpiarla o de tratar de hacer reparaciones.

Cómo enhebrar la máquina de coser Las máquinas más modernas tienen discos de tensión, guías para el hilo y una palanca en el interior de su estructura, lo que elimina varios de los pasos que deben seguirse al enhebrar una aguja en modelos más antiguos. Nota que algunas agujas se ensartan del frente hacia atrás y que algunas agujas se ensartan de la izquierda a la derecha. Ensartar incorrectamente el hilo probablemente sea la causa principal de los más problemas que tenga una persona principiante, más que cualquier otro aspecto. Si no cuentas con las instrucciones impresas, busca en Internet la marca y el modelo de tu máquina de coser, donde encontrarás una amplia gama de manuales.

Aguja, pie prensatela, alimentadores, placa de la aguja Las agujas de propósito general para las máquinas de coser vienen en tamaños 8-19. Las agujas más finas coserán en forma delicada y las más grandes pueden usarse con las telas gruesas como la mezclilla. Usa las agujas de punta redondeada para los tejidos o las telas que se estiran. Las agujas a la larga perderán el filo o se romperán, así que ten agujas de repuesto y cámbialas con frecuencia. El pie prensatela mantiene la tela plana contra los alimentadores mientras que la aguja cose. Los alimentadores tienen pequeños dientes de metal que mueven la tela de adelante hacia atrás mientras coses. La placa de la aguja se ajusta a los alimentadores, cubriendo la bobina, teniendo un agujero por el cual pase la punta de la aguja.

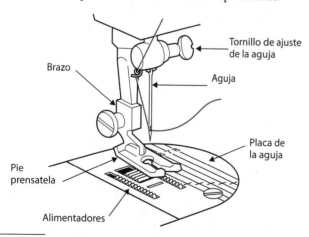

* **Forro polar:** Tela sintética de aislamiento térmico, que puede estar elaborada con el plástico de las botellas.

La bobina La bobina contiene el hilo inferior en una máquina de coser. Está cerca de la placa de la aguja en un compartimiento que tiene una tapa que se desliza. La tensión del hilo inferior se controla mediante un tornillito que regula el resorte de la portabobina. Algunas bobinas se mueven en el sentido de las manecillas del reloj y otras en el sentido contrario a éstas; de nuevo, consulta el manual del fabricante.

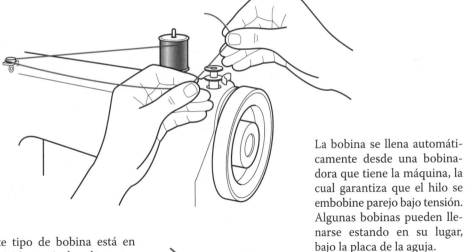

La bobina se llena automáticamente desde una bobinadora que tiene la máquina, la cual garantiza que el hilo se embobine parejo bajo tensión. Algunas bobinas pueden llenarse estando en su lugar, bajo la placa de la aguja.

Este tipo de bobina está en posición vertical en la portabobina y se libera mediante un pestillo. Cuando se remplaza, el hilo debe quedar debajo del resorte con un extremo libre de 10 cm.

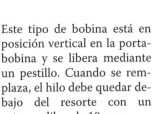

El tipo de bobina "que se deja caer" tiene una posición horizontal debajo de la tapa. Hay una ranura en ángulo a través de la cual pasa el hilo que viene de la bobina.

Cómo armar los juguetes

Antes del cosido final, ya sea a mano o con la máquina de coser, las piezas de los patrones deben coserse de acuerdo a las instrucciones que se dan para los animales y juguetes individuales.

Las telas con pelo tales como el terciopelo o la pana, necesitan un hilvanado especialmente firme uniendo los frentes (F); la puntada atrás (p. 48) también será de utilidad. Esto debería evitar que las capas se muevan y dejen de estar alineadas mientras pasan por la máquina de coser.

El terciopelo requiere puntadas de una longitud de 2-2.5 mm con una tensión relajada del hilo superior, usando una aguja de tamaño 11-14. Practica en recortes si nunca has cosido terciopelo. Mientras coses, mantén tensa la capa inferior, sin aplicar presión a la aguja. Se puede usar un pie para colchas o un pie "de avance" para las telas con pelo e insertar juntas la capa superior y la capa inferior en forma pareja.

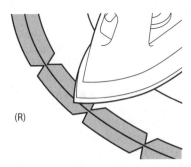

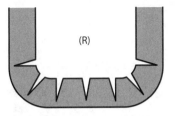

Cómo cortar las curvas exteriores Las costuras curvas naturalmente necesitan márgenes para costuras curvas, que tienen que cortarse para permitir que se estiren o se doblen en forma nítida y se queden planas. Si tienes que hacer un corte hasta la línea de la costura, ten cuidado de no cortar la costura misma. Si es necesario, posteriormente usa la punta de la plancha para alisar cualquier arruga.

Cómo cortar las curvas interiores Cortes singulares a intervalos regulares pueden ser suficientes para unir seda o batista*, pero para evitar abultamientos en las telas más gruesas, corta formas triangulares en los márgenes para costuras y quita el sobrante por completo.

---

* **Batista:** Tipo de tejido de algodón puro.

Ojo de seguridad y articulaciones

 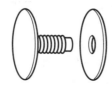

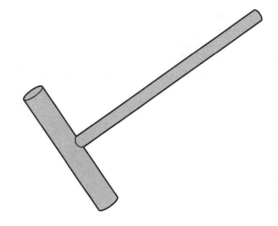

Ojos de seguridad Únelos antes de que rellenes y cierres el juguete. De antemano, asegúrate tener la posición correcta de los ojos, porque una vez que los fijes, será imposible quitarlos. Haz un agujero pequeño en la tela con tus tijeras de bordado e introduce la sección del poste del ojo, de adelante hacia atrás. Para evitar que el ojo sufra un rasguño, colócalo con la sección del poste hacia arriba, en una superficie acolchonada y empuja la junta hacia abajo con firmeza en el poste.

Discos de las articulaciones Para un oso Teddy que tiene un aumento de la escala con extremidades móviles, cada articulación consiste de un disco principal y un poste, un segundo disco liso y una junta. (Véase la p. 47 para los detalles de la colocación.)

Palo para rellenar Habiendo revisado que todas las costuras estén terminadas apropiadamente, voltea el animal hacia el frente (F) a través del agujero para rellenar, comenzando con las extremidades más estrechas. Alisa las líneas de costura en la parte interior con la parte superior de una aguja de tejido; no uses nada afilado. Comienza a llenar las puntas de las extremidades, la nariz, etc., rellenándolas con firmeza de manera que no vayan a doblarse donde se unen con el cuerpo. Puede ser de utilidad un palo para rellenar en forma de T hecho de un cilindro de madera.

Peinado

Peinados cortos

Trenzas y mechones

Peinado y bigote
al estilo del abuelo

Cabello largo

Cabello con bucles

La muñeca rusa (p. 26 - 28) es una forma muy básica y se pueden realizar múltiples variaciones, simples o elaboradas. Aquí hay algunas ideas para los peinados de diferentes personajes, incluyendo un abuelo con un bigote caído. Para crear una impresión de rizos, usa hilos comunes y corrientes para coser una serie de bucles. Las trenzas de niña se crean a partir de hilos largos que se cosen en una división central, luego se reúnen de nuevo con unas cuantas puntadas firmes a nivel de la mejilla.

La lana para alfombra, el estambre y la lanita de bebé, todo esto es apropiado para el cabello, dependiendo del tamaño de la muñeca. Los hilos de bordado se ven bien en cabezas muy pequeñas y también pueden usarse para los rasgos faciales.

Detalles

CUENTAS

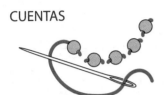 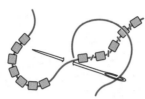

Al trabajar con una aguja fina de sombrerero, asegura el algodón para coser con dos puntadas pequeñas en el punto, luego ensarta la primera cuenta. Inserta la aguja cerca de las puntadas iniciales. Avanza una puntada y saca la aguja para prepararla para la siguiente cuenta.

Ensarta dos agujas y asegura ambos hilos como antes. Ensarta la primera aguja con el número deseado de cuentas. Ensarta la segunda aguja sobre el primer hilo que cruza la primera cuenta; esto se conoce como dirigir los puntos con dos hilos (dar dirección). Desliza la segunda cuenta cerca de la primera y repítelo hasta que todas las cuentas estén en su lugar.

LENTEJUELAS

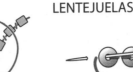

Asegura el algodón para coser con dos pequeñas puntadas en el lugar y saca la aguja hacia arriba a través del ojo de la primera lentejuela. Realiza puntos atrás sobre el borde de la derecha, sal por el borde de la izquierda y realiza puntos atrás a través del ojo. Avanza una puntada y repítelo con la siguiente lentejuela.

Asegura el hilo como se indicó anteriormente y saca la aguja hacia arriba a través del ojo de la primera lentejuela. Ensarta una cuenta pequeña antes de volver a insertar la aguja a través del mismo ojo. Jálalo con firmeza para hacer que la cuenta se ponga en contacto con la lentejuela. Avanza una puntada por el revés y saca la aguja a través del ojo de la siguiente lentejuela.

CÓMO HACER CUERDAS

Esta técnica requiere de práctica. Corta dos trozos de hilo de rayón o metálico para bordado, cuatro veces el largo de la cuerda. Une los hilos atándolos en ambos extremos y pide a alguien que sostenga un extremo mientras colocas un lápiz a través del otro extremo. Entre ustedes, pónganlos en tensión y comienza a girar el lápiz. A la larga, la cuerda comenzará a enrollarse a medida que relajas la tensión. Coloca un dedo a la mitad y suelta un extremo, permitiendo que se enrolle para formar la cuerda. Con el pulgar y el dedo índice, extiende cualquier retorcimiento. Amarra los extremos con un nudo.

BORLAS

 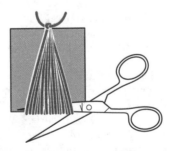 

1 Enrolla el estambre o el hilo de bordado en un trozo de cartón que mida aproximadamente 1 cm más que la longitud deseada para la borla*. Pasa un hilo de unos 30 cm de largo por debajo de los bucles superiores.

2 Ata este hilo con fuerza en la parte superior, los extremos pueden atarse o tejerse con ganchillo, o coserse. Corta todos los bucles en el borde inferior.

3 Toma otro trozo de estambre o hilo y amárralo firmemente alrededor de los hilos sueltos para formar la cabeza de la borla. Termina haciendo un hilo seguro. Ensarta los extremos en una aguja y mételos en forma nítida en el centro de la borla antes de recortarlos y que queden nivelados.

* **Borla:** Conjunto de hebras o cordoncillos en forma de media bola sujeto por uno de sus cabos.

RATÓN

LONGITUD: 10 cm   NIVEL: PRINCIPIANTE

VAS A NECESITAR

Tela de 25 × 15 cm para el cuerpo:
El fieltro es ideal

Recortes de fieltro para las orejas

60 cm de hilo de bordar para la cola

Relleno

Corta todos los patrones.

Inserta la oreja
en la ranura

1 Corta las ranuras en cada lado desde el punto C hasta el punto D. Dobla las orejas mismas hacia adentro e insértalas en las ranuras en cada costado del cuerpo.

2 Ensarta la aguja con un trozo doble de hilo de algodón común y corriente para coser o con una sola hebra de hilo perlé para bordado. Haz un nudo al final del hilo.

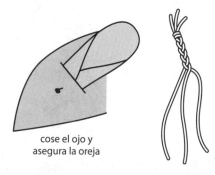

cose el ojo y
asegura la oreja

3 Pasa la aguja a través del lado equivocado, luego pasa una o dos puntadas a través del cuerpo y de la oreja. Saca la aguja por el frente (F) y haz un nudo francés (p. 48) para crear el ojo.

4 Repite esto para el otro lado.

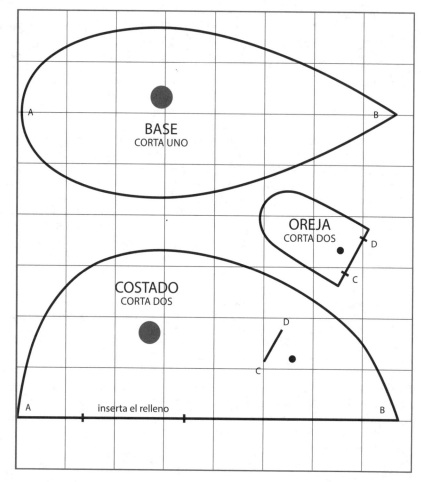

BASE
CORTA UNO

A   B

OREJA
CORTA DOS

D

C

COSTADO
CORTA DOS

D

C

A   inserta el relleno   B

5 Corta tres trozos de hilo de bordar para la cola. Haz un nudo en un extremo y haz una trenza de la longitud que desees, antes de hacer otro nudo y dejar un extremo como una borla.

6 Pon los frentes (F) del cuerpo uno contra el otro (con las orejas) y cose el dorso del ratón desde el punto B hasta el punto A. Si estás cosiendo fieltro, necesitarás un poco de margen para costuras y podrías utilizar un poco de punto de festón (p. 48).

7 Inserta la sección de la base y cose un costado desde la nariz (B) a la cola (A).

8 Inserta la cola centralmente en la costura del dorso, dejando que se vea sólo el nudo de la base. Por el mo-

mento el resto de la cola debe estar dentro del ratón.

9 Cose el otro costado, dejando un espacio para voltear el ratón y rellenarlo.

Inserta el relleno

10 Voltea el cuerpo del ratón al frente (F) e inserta el relleno con firmeza para formar completamente la figura del cuerpo.

11 Cierra el espacio nítidamente haciendo una puntada invisible.

EXTRATERRESTRE

ALTURA: 32 cm   NIVEL: PRINCIPIANTE

Nota: Este patrón tiene un tamaño de dos tercios del tamaño original. Para tener el tamaño completo, necesitarás aumentar la escala a una rejilla de 22.5 mm (p. 7).

VAS A NECESITAR

Tela 80 × 30 cm para el cuerpo: el algodón tejido denso es ideal

Dos botones para los ojos

Relleno

Corta todos los patrones. Hay un margen para costura de 5 mm.

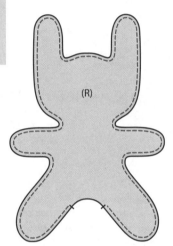

(R)

1 Pon los frentes (F) uno contra el otro y cose alrededor de la figura de lado a lado del espacio que está marcado para voltear y rellenar la figura.

2 Recorta las curvas en el margen para costura (p. 9).

3 Voltea el extraterrestre al frente (F).

4 Alisa con la plancha cualquier arruga alrededor del borde.

5 Inserta el relleno con firmeza, usando un palo para rellenar para llegar a todas las extremidades estrechas.

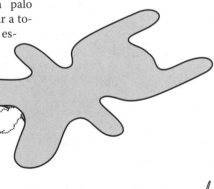

6 Cierra el espacio en forma nítida haciendo una puntada invisible.

7 Cose los botones para los ojos.

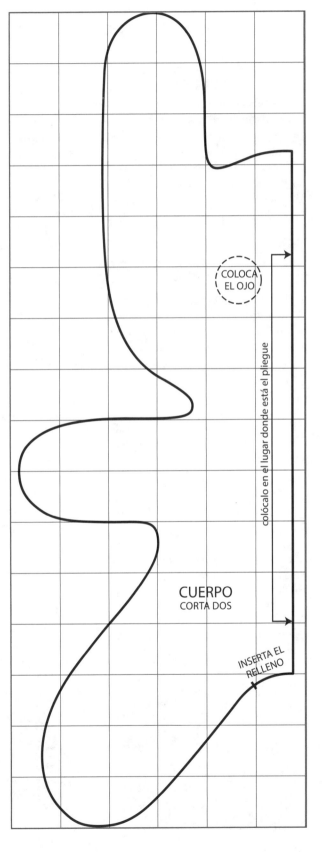

COLOCA EL OJO

colócalo en el lugar donde está el pliegue

CUERPO
CORTA DOS

INSERTA EL RELLENO

POLLO

ALTURA: 30 cm   INCLUYENDO PIERNAS: 52 cm   NIVEL: INTERMEDIO

Corta todos los patrones. Necesitas un margen para costura de 5mm.

1 Pon los frentes (F) uno contra el otro de las alas y cose alrededor desde el punto A hasta el punto B, dejando abierto el lado plano.

2 Voltea las alas al frente (F).

3 Pon los frentes (F) uno contra el otro de la carúncula y cose alrededor desde el punto G hasta el punto H dejando abierto el lado plano.

4 Voltea la carúncula hacia el frente (F).

5 Toma el cuadrado para la tela del cuerpo, coloca el frente (F) hacia arriba y haz un pliegue en una esquina como se muestra en la ilustración, e hilvana las alas y la carúncula en el pliegue a una profundidad de 15 mm. Todavía teniendo el frente (F) hacia arriba haz un dobladillo a lo largo del pliegue, asegurándote que la aguja pase a través de to-

das las capas para mantenerlas en su lugar, en la línea del cuello.

6 Pon los frentes (F) uno contra el otro de la cresta y cose alrededor desde el punto C hasta el punto D, dejando abierto el lado plano.

7 Voltea la cresta al frente (F).

8 Dobla el frente (F) del cuerpo desde el pico, uniendo el punto J hasta el punto I.

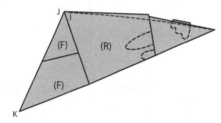

9 Hilvana la cresta a la línea de la costura del dorso, colocando la parte más alta de la cresta más cerca del pico. Luego cose el dorso del pollo.

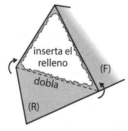

10 Voltea el frente y rellena abundantemente. Dobla la sección de la base triangular y haz una puntada invisible alrededor de los dos lados abiertos para cerrar el cuerpo, uniendo el punto K hasta el punto J/I.

11 Pon los frentes (F) uno contra el otro de las patas y cose cada pata de E hasta F, dejando abierto el lado plano. Voltea las patas al frente (F).

12 Dobla las piernas por el lado correcto y cose las dos para formar tubos. Voltea el frente (F).

13 Mete los bordes en la parte superior de las patas y cose cada pata al extremo de cada pata.

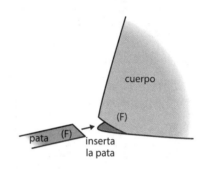

14 Empuja hacia adentro las esquinas frontales del cuerpo e inserta la parte superior de la pierna en cada esquina. Sujétalas con alfileres e hilvánalas para asegurar que las piernas hayan quedado parejas y únelas haciendo una puntada invisible en línea recta por las esquinas del cuerpo.

15 Cose los botones, uno contra el otro, justo debajo de la cresta.

16 Con un hilo negro, haz un punto invisible a través del doblez superior del pico, justo delante de la cresta y haz nudos franceses en los dos lados para marcar los orificios nasales del pollo.

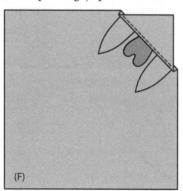

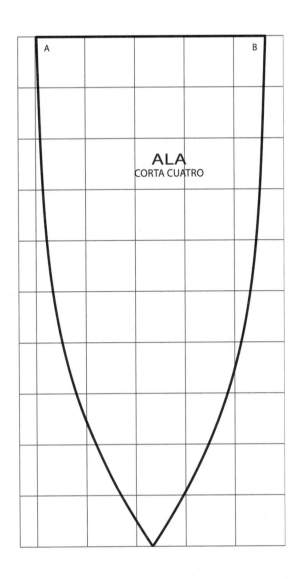

A B

ALA
CORTA CUATRO

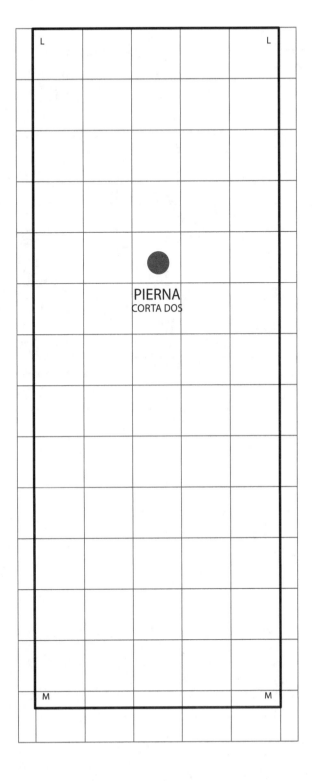

L L

PIERNA
CORTA DOS

M M

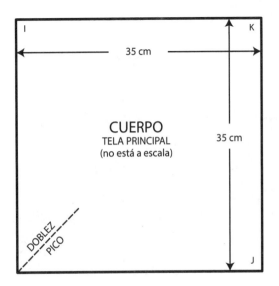

I K

← 35 cm →

CUERPO
TELA PRINCIPAL
(no está a escala)

35 cm

J

DOBLEZ
PICO

POLLO

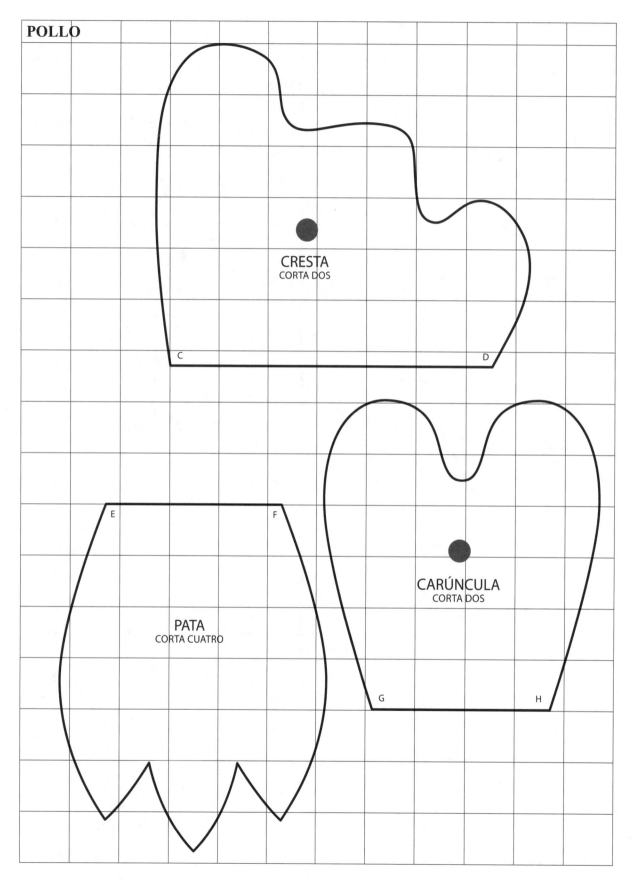

CRESTA
CORTA DOS

CARÚNCULA
CORTA DOS

PATA
CORTA CUATRO

CANASTA

TAMAÑO: CUBO DE 12 cm   NIVEL: PRINCIPIANTE

VAS A NECESITAR

Fieltro café grueso

50 × 36 cm

Tarjeta mediana cuadrada de 12 cm para la base

Es opcional el rociado con un endurecedor para sombreros, con base de agua. Corta el fieltro en 9 tiras de 50 × 4 cm y como guía, marca el punto central de cada una en un lado con un gis.

4 Repite esto dos veces más, teniendo cuidado de empezar y terminar cada tira en un lugar donde no se vaya a ver.

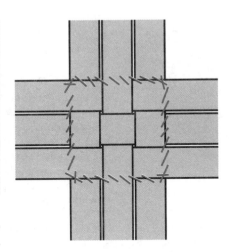

2 Entreteje las seis tiras, para que queden muy juntas, luego hilvana el área de la base, asegurándote de que cada tira quede cosida a la tira que está junto a ella.

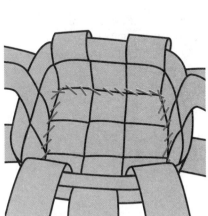

5 Toma cada tira vertical por turno y dóblala hacia la parte interior de la canasta. Pégalas y recorta los extremos para que queden parejos. Otra alternativa es hilvanar* y dar puntos atrás alrededor de la tira superior, a 1 cm del borde superior. Quita todo el hilvanado.

6 Ajusta la tarjeta cuadrada a la base de la canasta. Usa el pegamento con moderación en caso que se requiera. Agrega cuatro tarjetas cuadradas más al interior para hacer una caja rígida.

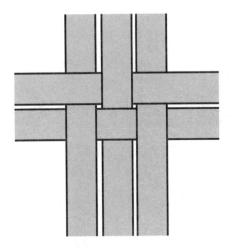

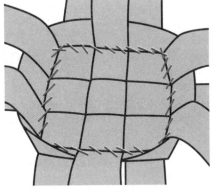

1 Coloca las tiras en una superficie firme teniendo visibles las marcas de gis. Comienza a tejerlas desde el centro hacia afuera como se muestra en la imagen.

3 Toma una de las tres tiras restantes. Comienza en un punto que quedará oculto desde el exterior, dobla las tiras de la base hacia arriba en forma vertical y comienza a tejer los lados. Una tira quedará tejida alrededor de la canasta. Cuando la completes, traslapa los extremos e hilvánala para que se quede en su lugar.

* **Hilvanar:** Dar puntadas largas para unir dos trozos de tela.

ZANAHORIA

ALTURA: 10 cm, INCLUYENDO LAS HOJAS: 17 cm   NIVEL: PRINCIPIANTE

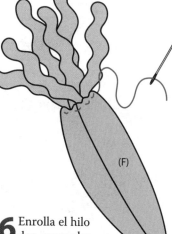

VAS A NECESITAR

Un cuadrado de fieltro anaranjado de 15 cm

Recortes de diferentes colores de fieltro verde para las hojas

Relleno

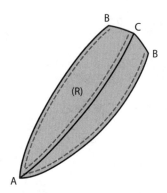

Corta todos los patrones.

1 Une y cose dos secciones anaranjadas desde el punto A hasta el punto B y la tercera desde el punto A hasta el punto C. Al coser fieltro, necesitas un poco de margen para costura y podrías usar un poco de puntos de festón (p. 48).

2 Termina la costura restante y voltea la zanahoria al frente (F).

3 Inserta el relleno por la parte superior de la zanahoria y rellénala con firmeza hasta la punta.

4 Haz que todas las hojas de la zanahoria queden fijas con un par de puntadas en un extremo.

5 Haz una puntada sencilla* alrededor de la parte superior de la zanahoria, mete las hojas y únelas con puntadas simples lo más apretado que puedas para mantenerlas juntas.

6 Enrolla el hilo dos veces alrededor de la parte superior y da unos dos o tres puntos atrás antes de amarrarlo.

PERA

ALTURA: 8 cm   NIVEL: PRINCIPIANTE

VAS A NECESITAR

Cuadrado de fieltro verde claro de 20 cm

Recortes de fieltro café para las hojas

Relleno

Corta todos los patrones.

1 Cose dos de las seis secciones verdes desde el punto A hasta el punto B.

2 Toma una sección más y cósela de nuevo desde el punto A hasta el punto B.

3 Repite los pasos anteriores para que tengas las dos mitades de la pera.

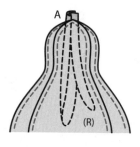

4 Toma las dos hojas cafés e insértalas al revés entre las dos mitades, asegúrate que todos los puntos A estén alineados antes de coserlos.

5 Cose las dos mitades del cuerpo de la pera para unirlo, dejando en la base un espacio para el relleno.

6 Voltea la pera al frente (F).

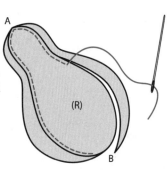

7 Inserta con firmeza el relleno y apriétalo con la ayuda de un palo para relleno para así lograr la forma completa de la pera. Cierra el espacio sin arrugas, haciendo una puntada invisible.

---

* **Puntada sencilla:** También se le conoce como puntada de bastilla.

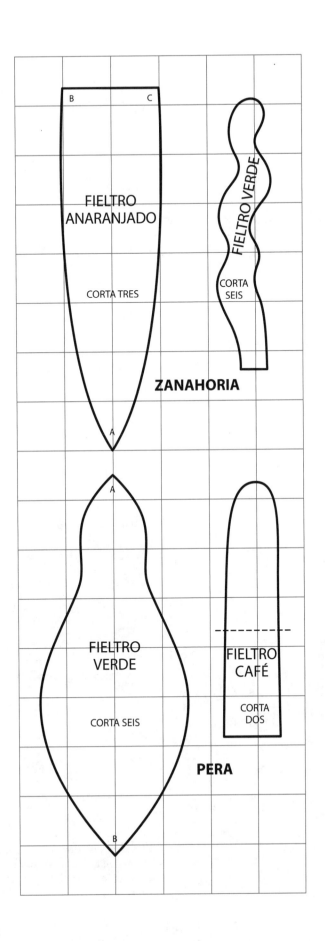

FIELTRO
ANARANJADO

CORTA TRES

FIELTRO VERDE

CORTA
SEIS

ZANAHORIA

FIELTRO
VERDE

CORTA SEIS

FIELTRO
CAFÉ

CORTA
DOS

PERA

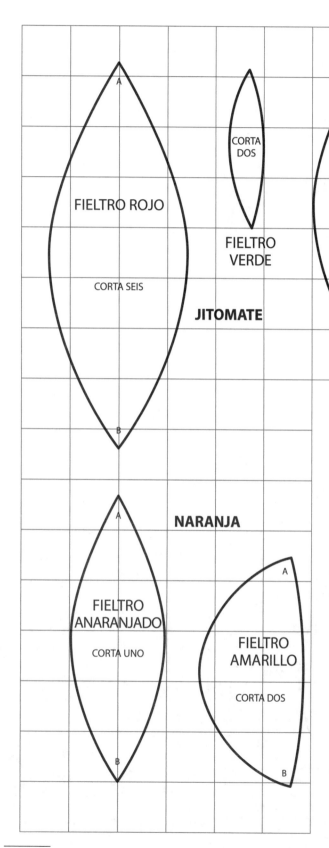

FIELTRO ROJO

CORTA SEIS

JITOMATE

CORTA
DOS

FIELTRO
VERDE

FIELTRO
VERDE

CORTA UNO

FIELTRO
BLANCO

CORTA DOS

MANZANA

NARANJA

FIELTRO
ANARANJADO

CORTA UNO

FIELTRO
AMARILLO

CORTA DOS

NARANJA

LONGITUD: 6 cm   NIVEL: PRINCIPIANTE

VAS A NECESITAR

Cuadrado de fieltro amarillo de 8 cm

Recortes de fieltro anaranjado para la carne y la piel

Relleno

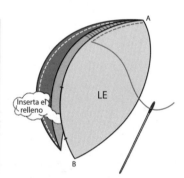

Corta todos los patrones.

2 Sigue los pasos del 2 al 4 para la manzana, que están en la siguiente página.

CORTA SEIS DEL
FIELTRO ANARANJADO

1 Cose las dos secciones amarillas desde el punto A hasta el punto B por el frente.

3 Pega o cose tres formas aplique (sobrepuestas) a cada lado del segmento.

* **(R):** Revés.

JITOMATE

ALTURA: 5.5 cm   NIVEL: PRINCIPIANTE

VAS A NECESITAR

Cuadrado de fieltro rojo de 20 cm

Recortes de fieltro verde oscuro para las hojas

Relleno

Corta todos los patrones.

1 Cose dos de las seis secciones rojas desde el punto A hasta el punto B.

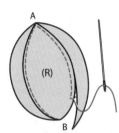

2 Toma una sección más y cósela de nuevo desde el punto A hasta el punto B.

3 Repite esto de manera que tengas las dos mitades del jitomate.

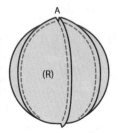

4 Alinea los seis puntos A antes de coserlos todos.

5 Une y cose las dos mitades del jitomate, dejando un espacio para el relleno.

6 Voltea el jitomate al frente (F).

7 Inserta el suficiente relleno para lograr una forma bien redonda de la fruta. Cierra el espacio y haz una puntada invisible, pero deja un hilo de unos 30 cm de largo.

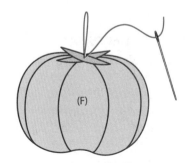

8 Toma las cuatro hojas y colócalas formando una cruz en la parte superior del jitomate. Pasa el hijo largo a través del relleno hasta cruzar las cuatro hojas. Haz una pequeña puntada en el centro de las hojas y pasa el hilo por debajo de nuevo a través del jitomate y sácalo por la base.

9 Repite esto dos veces más, jala con firmeza el hilo para producir la auténtica forma del jitomate antes de amarrarlo.

MANZANA

LONGITUD: 6 cm   NIVEL: PRINCIPIANTE

VAS A NECESITAR

Cuadrado de fieltro blanco de 8 cm para la carne

Recortes de fieltro verde claro para la cáscara y café para las semillas

Relleno

Corta todos los patrones.

1 Cose las dos secciones blancas de la carne desde el punto A hasta el punto B por el lado ondulado.

2 Cose un lado de la sección verde de la cáscara desde el punto A hasta el punto B en el lado libre restante de una de las secciones blancas.

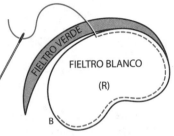

3 Cose el otro lado de la sección verde de la cáscara desde el punto A hasta el punto B en el lado libre restante de la otra sección blanca.

4 Voltea al frente (F) e inserta el relleno. Cierra el espacio haciendo una puntada invisible.

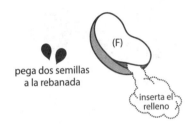

pega dos semillas a la rebanada

inserta el relleno

5 Corta dos semillas usando las formas que se proporcionan aquí. Pégalas o cóselas a cualquiera de los lados de la rebanada.

LECHUGA

ALTURA: 8 cm   NIVEL: PRINCIPIANTE

VAS A NECESITAR

Cuadrado de fieltro amarillo de 20 cm para el corazón

Cuadrado de fieltro verde oscuro de 30 cm para las hojas

Cuadrado de fieltro verde claro de 30 cm para las hojas

Relleno

Corta todos los patrones.

1 Haz el corazón de la lechuga con el fieltro amarillo, siguiendo los pasos para el jitomate (p. 21) hasta el paso del relleno y haz el cierre con una puntada invisible.

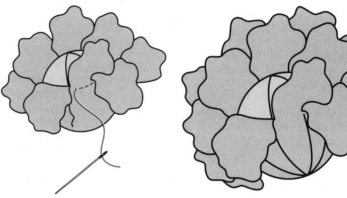

3 Coloca las hojas alrededor del corazón amarillo y únelas con puntada sencilla a la forma de la bola central.

6 Alinea todos los puntos C y une las dos mitades cosiéndolas para formar la figura de una copa adornada.

7 Ajusta la lechuga que previamente habías formado a la nueva "copa" y haz una puntada invisible para coser las hojas nuevas, que ahora han quedado más apretadas alrededor del corazón.

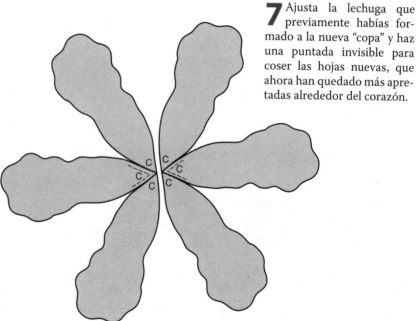

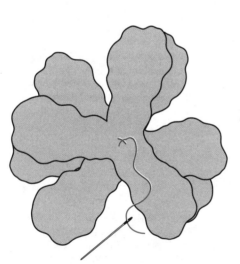

2 Tomas las cuatro formas con hojas triples, en capas y extiéndelas en círculo. Cóselas en el centro.

4 Toma tres de las hojas singulares restantes y comenzando en los puntos C, cóselas a lo largo hasta la mitad de sus longitudes, como si fueran secciones de una bola.

5 Repite esto con las otras tres hojas.

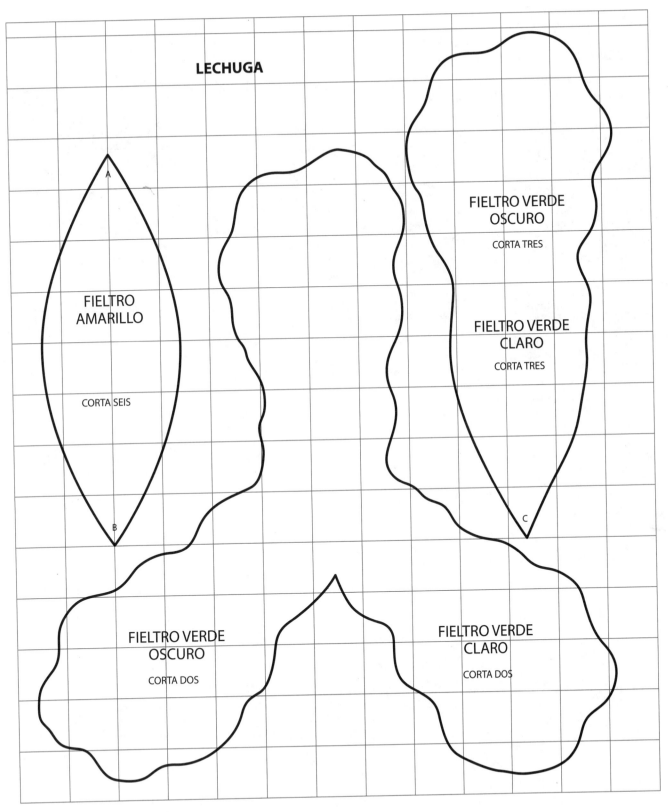

LECHUGA

FIELTRO
AMARILLO

CORTA SEIS

A

B

FIELTRO VERDE
OSCURO

CORTA TRES

FIELTRO VERDE
CLARO

CORTA TRES

C

FIELTRO VERDE
OSCURO

CORTA DOS

FIELTRO VERDE
CLARO

CORTA DOS

SERPIENTE

ALTURA ENROLLADA: 14 cm   NIVEL: INTERMEDIO

Nota: Debido a la estructura en espiral ajustada y al hecho de que la serpiente necesita mucho relleno, a lo largo de su fabricación te aconsejo que uses la máquina de coser.

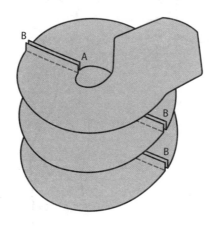

VAS A NECESITAR

Tela superior 50 × 20 cm, una tela de tejido denso es mejor

Tela contrastante

50 × 20 cm, también de tejido denso

10 cm de listón o cinta

Un par de cuentas o botones para los ojos

Relleno

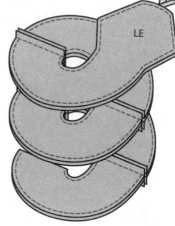

Corta todos los patrones. Hay 5 mm de margen para costura.

1 Toma los cuatro aros del cuerpo y corta cada uno a la mitad a lo largo del pliegue para producir ocho secciones (si quieres una serpiente más larga, simplemente aumenta el número de aros, recuerda que los aros requieren ir en pares).

3 Continua uniendo la parte superior de las telas restantes de los semicírculos desde el punto A hasta el punto B para crear una espiral.

4 Repite el proceso con las secciones de tela contrastante, de manera que tengas dos espirales separadas.

5 Plancha las costuras para quitar cualquier arruga.

6 Sujeta con alfileres e hilvana las dos espirales, colocando los frentes (F) uno viendo al otro.

8 Comenzando por la lengua, cose hacia abajo cada lado de la serpiente.

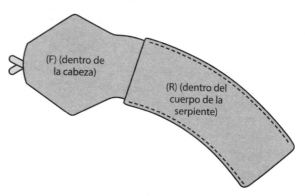

9 Voltea el frente (F) hacia afuera y desde el extremo abierto de la cola inserta con firmeza el relleno con la ayuda de un palo para rellenar.

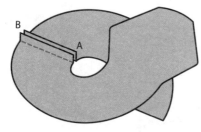

2 Con los frentes (F) juntos, cose la parte superior de la tela de la sección de la cabeza al primer semicírculo desde el punto A hasta el punto B.

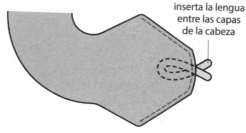

inserta la lengua entre las capas de la cabeza

7 Haz un bucle e hilvana la lengua de la serpiente al frente de su cabeza con dos extremos que sobresalgan.

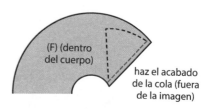

(F) (dentro del cuerpo)

haz el acabado de la cola (fuera de la imagen)

10 Inserta la cola dentro de sí, creando un ángulo de 45 grados, y haz una puntada invisible por la cola hasta que esté cerrada. Cose los ojos a la cabeza en el punto más ancho entre los ojos.

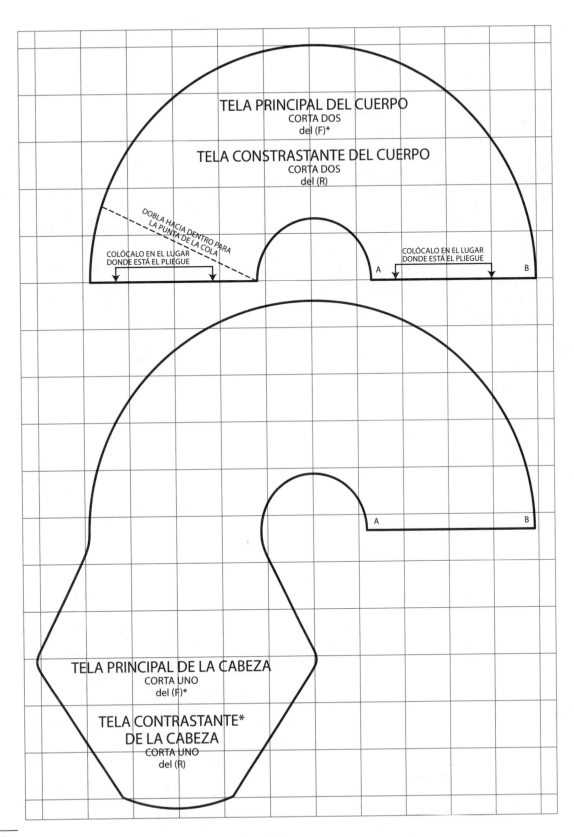

TELA PRINCIPAL DEL CUERPO
CORTA DOS
del (F)*

TELA CONSTRASTANTE DEL CUERPO
CORTA DOS
del (R)

DOBLA HACIA DENTRO PARA
LA PUNTA DE LA COLA

COLÓCALO EN EL LUGAR
DONDE ESTÁ EL PLIEGUE

COLÓCALO EN EL LUGAR
DONDE ESTÁ EL PLIEGUE

A   B

A   B

TELA PRINCIPAL DE LA CABEZA
CORTA UNO
del (F)*

TELA CONTRASTANTE*
DE LA CABEZA
CORTA UNO
del (R)

* **(F):** Frente.

* **Tela contrastante:** Se refiere a un trozo de tela o adorno hecho de una tela diferente a
la tela principal.

MUÑECA RUSA

ALTURA: 28 cm   NIVEL: INTERMEDIO

NOTA: Este patrón es dos tercios del diseño original, para el tamaño completo de la muñeca rusa necesitaras aumentar la escala a una rejilla de 22.5 mm (p. 7). Una versión simplificada para principiantes es usar dos secciones posteriores en una tela neutra tal como calicó sin blanquear, formando la base para muchos otros personajes.

VAS A NECESITAR

Tela 45 × 40 cm para la figura principal de la muñeca

Un cuadrado de fieltro blanco de 20 cm para las mangas y el rostro

Una tarjeta cuadrada de 20 cm

Hilo para bordar rojo para la decoración de las mangas

Hilo para bordar de varios colores para el rostro y el cabello

Cuentas, trenzas, encaje, etc., como adorno

Relleno

Corta todos los patrones. Hay 5 mm de margen para costura.

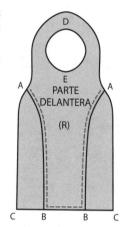

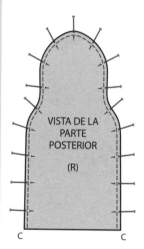

2 Coloca las dos mangas en la parte delantera del cuerpo, hilvana y da puntadas desde el punto A hasta el punto B de cada lado.

3 Pon los frentes (F) uno contra el otro de la muñeca y fija con alfileres e hilvana los dos lados de la muñeca para unirlos. Cose siguiendo el contorno desde el punto C hasta el otro punto C.

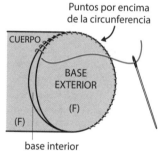

6 Toma el círculo de tela y cubre a la segunda tarjeta en forma de disco, hilvana la tela a la tarjeta como se muestra. Esta es la base exterior.

Puntos por encima de la circunferencia

7 Cose con puntos por encima (p. 48) la base exterior con la base interior y elimina todo el hilvanado.

8 Usa hilo de bordado rojo para decorar las mangas en un estilo ruso tradicional con líneas simples de punto de cruz.

9 Borda el rostro y el cabello usando el patrón de la rejilla como guía para la colocación de los rasgos.

10 Añade cualquier otro adorno como cuentas, trenzas o encaje a tu gusto.

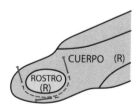

1 Sujeta con alfileres e hilvana la tela del rostro en su lugar sobre la sección delantera del cuerpo, ajustando los puntos D y E.

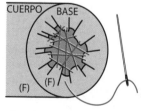
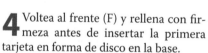

4 Voltea al frente (F) y rellena con firmeza antes de insertar la primera tarjeta en forma de disco en la base.

5 Reúne la tela como se muestra y retén la tarjeta en forma de disco en su lugar con puntadas largas, de lado a lado. Esta es la base del interior. Asegúrate de lograr que la tela quede pareja alrededor, haciendo que quede tensa de manera que la muñeca quede parada correctamente.

MUÑECA RUSA

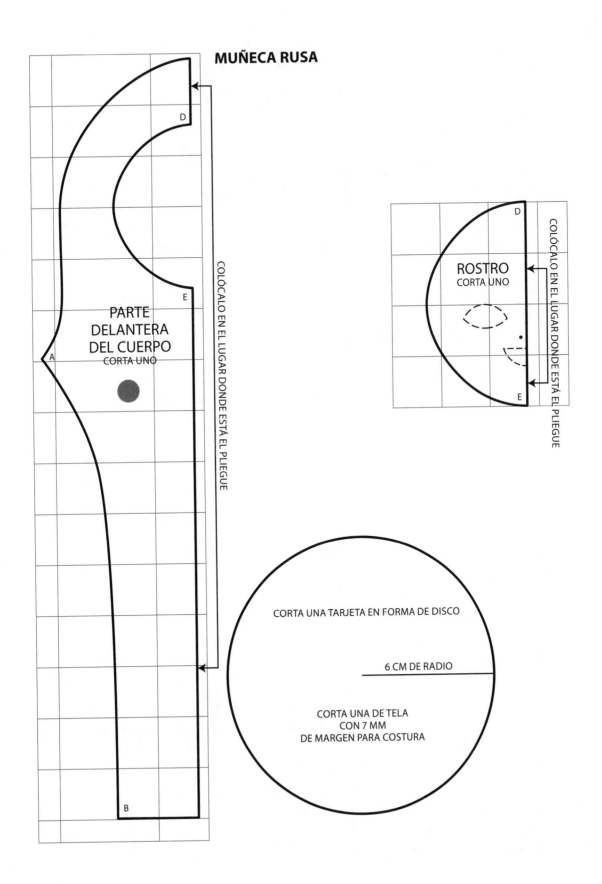

PARTE DELANTERA DEL CUERPO
CORTA UNO

A

B

D

E

COLÓCALO EN EL LUGAR DONDE ESTÁ EL PLIEGUE

ROSTRO
CORTA UNO

D

E

COLÓCALO EN EL LUGAR DONDE ESTÁ EL PLIEGUE

CORTA UNA TARJETA EN FORMA DE DISCO

6 CM DE RADIO

CORTA UNA DE TELA
CON 7 MM
DE MARGEN PARA COSTURA

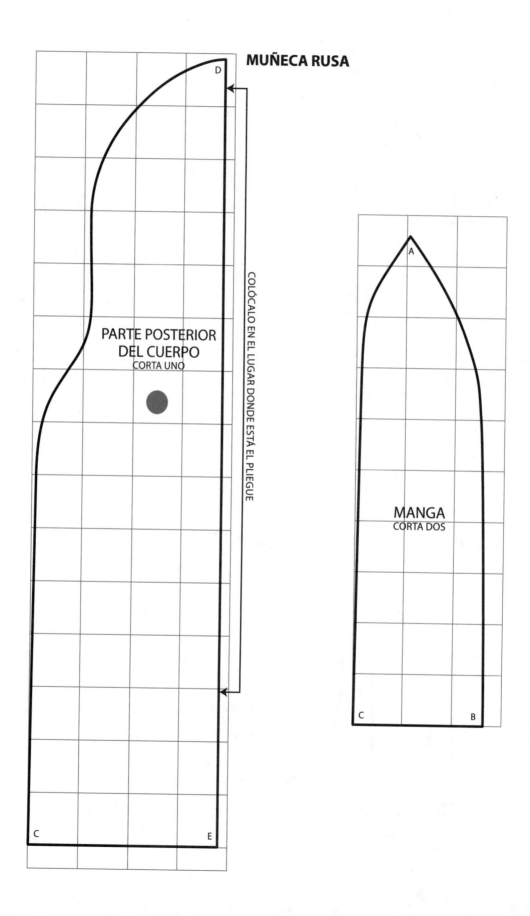

MUÑECA RUSA

PARTE POSTERIOR
DEL CUERPO
CORTA UNO

COLÓCALO EN EL LUGAR DONDE ESTÁ EL PLIEGUE

MANGA
CORTA DOS

TOPO

ALTURA: 17.5 cm   NIVEL: INTERMEDIO

VAS A NECESITAR

Tela de terciopelo negra

30 × 20 cm para el cuerpo

Tela de cordón de terciopelo rosa 50 × 10 cm para las patas

Dos botones de madre perla con dos perforaciones para los ojos

Relleno

Corta todos los patrones, asegurándote de que la dirección de la lanilla vaya de acuerdo con las partes del cuerpo y con las patas. Hay un margen para costura de 4 mm.

1 Coloca los frentes (F) juntos y con 4 mm de margen para costura, cose siguiendo el contorno de las cuatro patas desde el punto A hasta el punto B, dejando abierto el borde recto para voltearlo.

2 Voltea las patas hacia el frente.

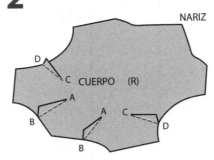

3 Con los 4 mm de margen para costura, hilvana y haz unas pinzas en el cuerpo desde el punto A hasta el punto B y desde el punto C hasta el punto D.

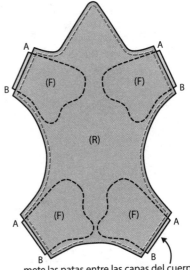

mete las patas entre las capas del cuerpo

4 Meta las patas en los cuatro hoyos de las piernas y fíjalas con alfileres, asegurarte que los "pulgares" estén dirigidos hacia la parte posterior del cuerpo del topo. Fija con alfileres, hilvana y cose alrededor del cuerpo del topo, dejando un hueco para darle la vuelta* y ponerle el relleno en el extremo posterior.

5 Voltea el cuerpo hacia el lado correcto y rellénalo.

6 Haz una puntada invisible y cierra el espacio.

7 Cose los botones para los ojos en el rostro del topo con puntos en ángulos que coordinen como se muestra.

* **Vuelta:** Una vuelta la componen dos pasadas.

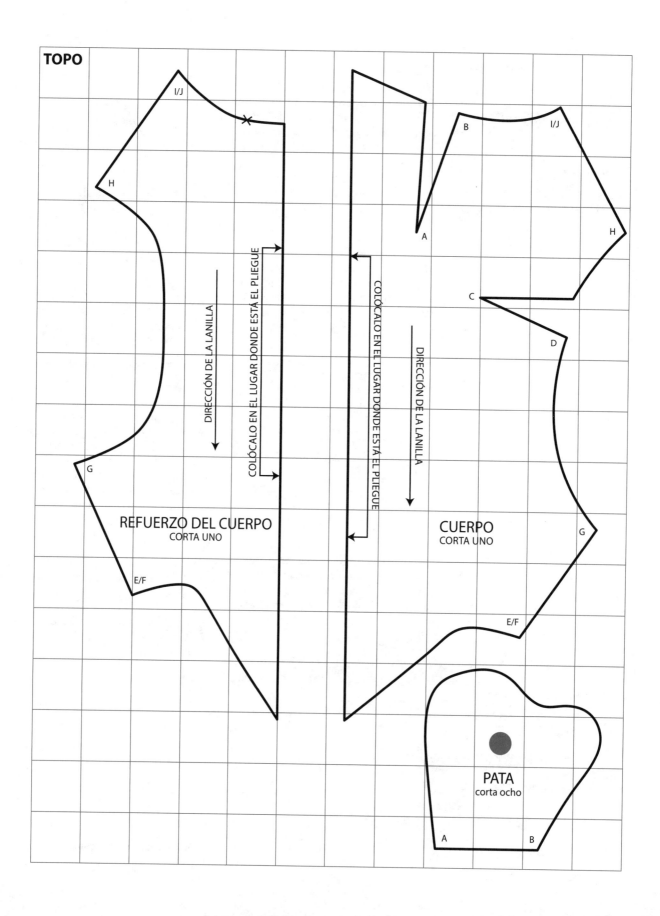

TOPO

I/J

X

H

G

E/F

DIRECCIÓN DE LA LANILLA

COLÓCALO EN EL LUGAR DONDE ESTÁ EL PLIEGUE

REFUERZO DEL CUERPO
CORTA UNO

COLÓCALO EN EL LUGAR DONDE ESTÁ EL PLIEGUE

DIRECCIÓN DE LA LANILLA

B

I/J

A

H

C

D

G

E/F

CUERPO
CORTA UNO

PATA
corta ocho

A

B

ELEFANTE

ALTURA: 18 cm LONGITUD: 25.5 cm   NIVEL: AVANZADO

Nota: Ya que este animal requiere una costura compleja y por el hecho de que el elefante necesita un relleno muy firme, a lo largo de su fabricación te aconsejo que uses la máquina de coser.

VAS A NECESITAR

Tela principal para el cuerpo 65 × 40 cm, la tela de tejido denso es la mejor

Tela contrastante 65 × 25 cm, para los refuerzos y forro del oído, la tela de tejido denso es la mejor

60 cm de hilo para bordar negro para la cola

Dos pequeños botones negros para los ojos

Relleno

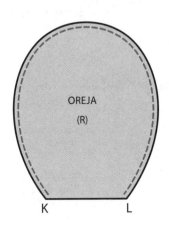

Corta todos los patrones. Hay un margen para costura de 5mm.

1 En la tela contrastante, cose la mitad del refuerzo del cuerpo a las secciones del interior de la parte delantera y a la parte trasera de la pierna, desde el punto B hasta el punto A y desde el punto C hasta el punto D.

2 Repite el paso 1 con la otra mitad del refuerzo del cuerpo.

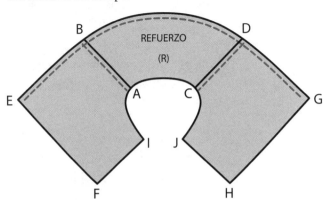

3 Une y pon los frentes (F) uno contra el otro y fíjalos con alfileres e hilvana los dos refuerzos combinados del cuerpo, luego cose desde el punto E hasta el punto G. Recorta la curva.

4 Toma dos piezas de las orejas, una de cada tela y une los frentes (F) uno contra el otro. Hilvana y cose alrededor de la curva desde el punto K hasta el punto L, dejando el lado recto abierto para voltearlo.

5 Repite el paso cuatro con la segunda oreja. Recorta las curvas y voltea las orejas hacia el frente (F).

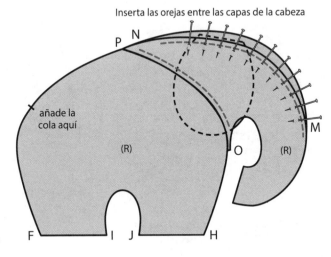

6 Toma las piezas de la cabeza y la trompa y fija con alfileres cada oreja al frente (F) de cada una, como se muestra. Asegúrate de que el forro contrastante esté en contra del lado correcto de la cabeza.

7 Fija el refuerzo de la cabeza en la curva superior de un lado de la cabeza, desde el punto N hasta el punto M, incluyendo a la oreja.

8 Repite el paso anterior, uniendo la otra sección de la cabeza y de la trompa al otro lado del refuerzo de la cabeza.

9 Hilvana y luego cose la cabeza a la parte principal del cuerpo en ambos lados, desde el punto O hasta el punto P.

10 Hilvana y cose cada lado del refuerzo de la cabeza desde el punto M hasta el punto N.

11 Con los frentes (F) uno contra el otro, cose el refuerzo del cuerpo al costado del cuerpo, alrededor del arco desde el punto I hasta el punto J. Recorta la curva.

13 Cose por las orillas de las cuatros patas desde el punto E hasta el punto G y luego desde el punto G hasta el punto H.

14 Corta tres hilos para bordar de 20 cm para la cola. Haz un nudo en un extremo y trenza el hilo para bordar tanto como gustes, antes de volver a hacer otro nudo dejando una borla al final.

15 Mete la cola centrada en la costura de la parte posterior, como se indica; sólo debe quedar afuera la base del nudo. Por ahora el resto de la cola debe permanecer adentro.

16 Hilvana y cose los dos costados del cuerpo por el lomo desde el punto P hasta el punto E. Quita el hilvanado.

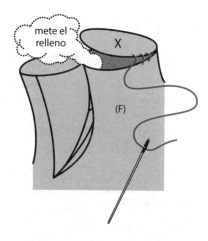

17 Cose las plantas de tres patas, en las piernas huecas, con el frente (F) viendo hacia adentro, y ajustando los puntos H y J, y los puntos F e I. Con una sola planta de la pata (véase la X del dibujo de arriba), cose la mitad de la planta a la pata dejando un espacio abierto para voltear al animal y meter el relleno.

18 Voltea todo el elefante hacia el frente (F) a través del agujero de la pata.

19 Rellena el animal con firmeza, comenzando con la trompa del elefante. Usa un palo para rellenar para alcanzar la punta de la trompa y rellenarla con firmeza hasta el refuerzo de la cabeza. Las patas y las piernas deben estar firmemente rellenas también, para evitar que se afloje donde se unen al cuerpo.

20 Cose con puntos por encima y cierra el espacio en la cuarta pata.

21 Añade unos botones pequeños para los ojos.

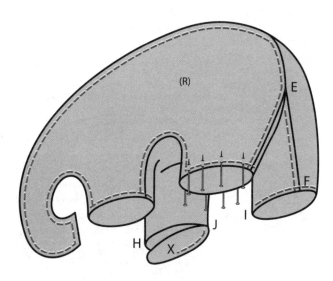

12 Repite el paso anterior, uniendo el otro costado del cuerpo al lado opuesto del refuerzo.

ELEFANTE

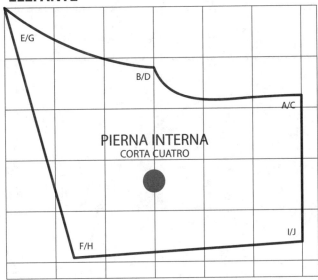

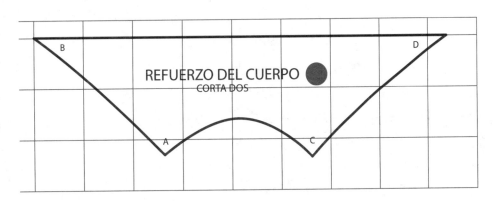

ELEFANTE

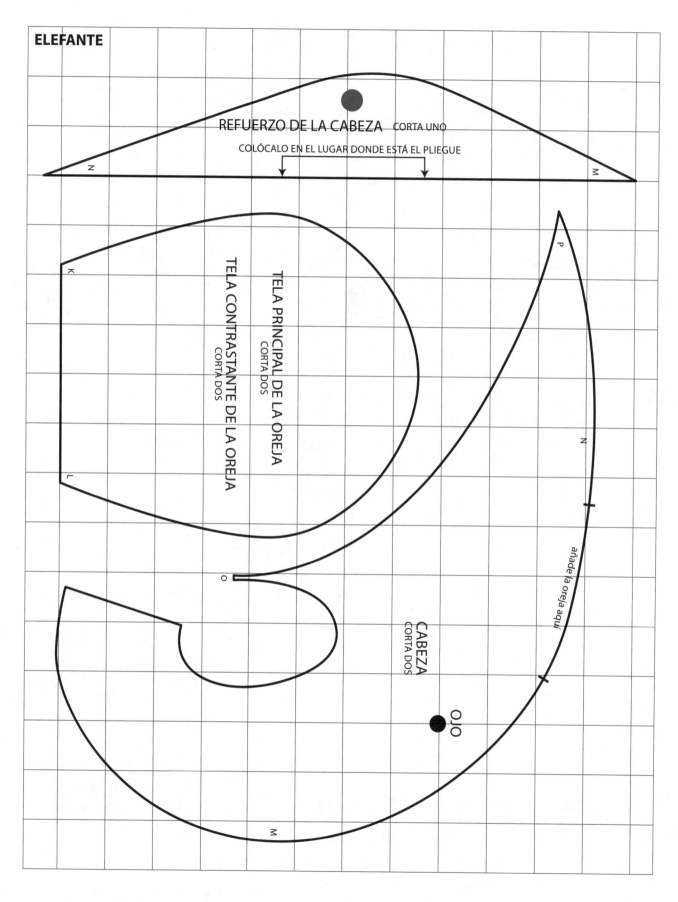

REFUERZO DE LA CABEZA CORTA UNO

COLÓCALO EN EL LUGAR DONDE ESTÁ EL PLIEGUE

N

M

K

L

TELA CONTRASTANTE DE LA OREJA
CORTA DOS

TELA PRINCIPAL DE LA OREJA
CORTA DOS

O

P

N

añade la oreja aquí

CABEZA
CORTA DOS

OJO

M

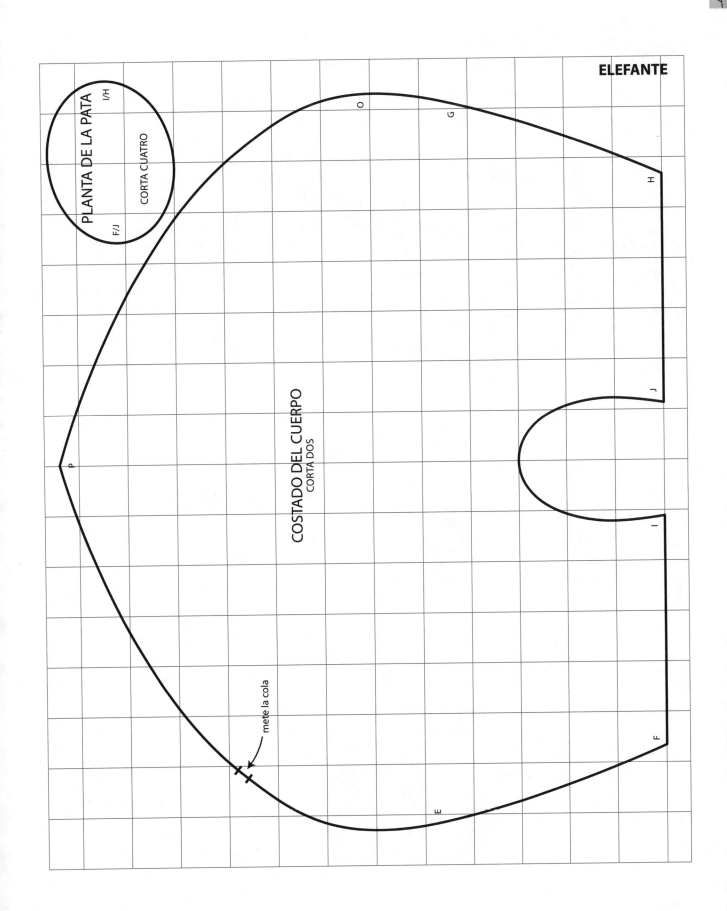

ELEFANTE

PLANTA DE LA PATA

I/H

F/J

CORTA CUATRO

COSTADO DEL CUERPO

CORTA DOS

mete la cola

O

G

H

J

I

F

E

P

CERDITO

ALTURA: 14.5 cm LONGITUD: 26 cm   NIVEL: AVANZADO

Nota: Este patrón es de dos tercios del tamaño original; para el tamaño completo del cerdito, necesitas aumentar la escala de la rejilla a 22.5 mm (p. 7). Debido al tejido de pana de la parte principal del cuerpo, te recomiendo que uses la máquina de coser para lograr una costura precisa.

VAS A NECESITAR

Tela de pana rosa 60 × 35 cm para la parte principal del cuerpo

Tela contrastante guinda 50 × 15 cm para las orejas, el hocico y la cola

Dos cuentas pequeñas de color negras para los ojos

Relleno

Corta todos los patrones. Hay un margen para costura de 5mm.

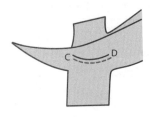

1 Con los frentes (F) juntos, hilvana y cose para cerrar las pinzas en forma de hoja en las dos piezas de refuerzo, desde el punto C hasta el punto D y desde el punto E hasta el punto F. Estas pinzas curveadas marcan la parte superior de la pierna y previene que se separen.

punto para meter el relleno

pinza

REFUERZO

pinza

2 Con los dos frentes (F) uno contra el otro, une las mitades del refuerzo desde el punto A hasta el punto B, dejando un espacio para el relleno a la mitad de la costura.

OREJA (R)

3 Cose los frentes (F) de ambas orejas, dejando abierto el borde superior, y recorta las curvas. Voltea las orejas hacia el frente (F).

dobla

COLA (R)

4 Dobla la cola a la mitad y cose a lo largo del borde exterior. Recorta las esquinas y voltéala hacia el frente (F).

5 Para asegurarte que las orejas estén niveladas, mide y marca con una línea de hilvanado, antes de usar las tijeras afiladas de bordado para cortar las ranuras de O a P en cada lado.

6 Mete por debajo los bordes cortados a medida que insertas la primera oreja doblada como se muestra. Es mejor coser la oreja a mano y córtala con cuidado, de manera que no queden bordes toscos en el frente (F). Repite esto en el otro lado.

7 Inserta la cola en el punto B, como se muestra y completa la costura del lomo desde el punto B hasta el punto K.

8 Con los frentes (F) juntos y unidos desde el punto B hasta el punto A, hilvana y agrega el refuerzo a los dos costados del cuerpo, incluyendo coser hacia abajo las cuatro piernas.

9 Inserta las cuatro plantas de las patas y la trompa.

10 Voltea el cerdito hacia el frente a través del espacio en el refuerzo.

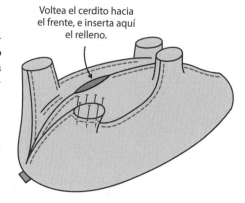

Voltea el cerdito hacia el frente, e inserta aquí el relleno.

11 Inserta el relleno con mucha firmeza usando un palo para rellenar y comenzando con las piernas y la trompa. Haz una puntada invisible para cerrar el espacio del relleno.

12 Agrega cuentas negras pequeñas para los ojos.

13 Ata un nudo en la cola.

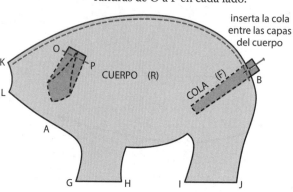

inserta la cola entre las capas del cuerpo

CUERPO (R)

COLA (F)

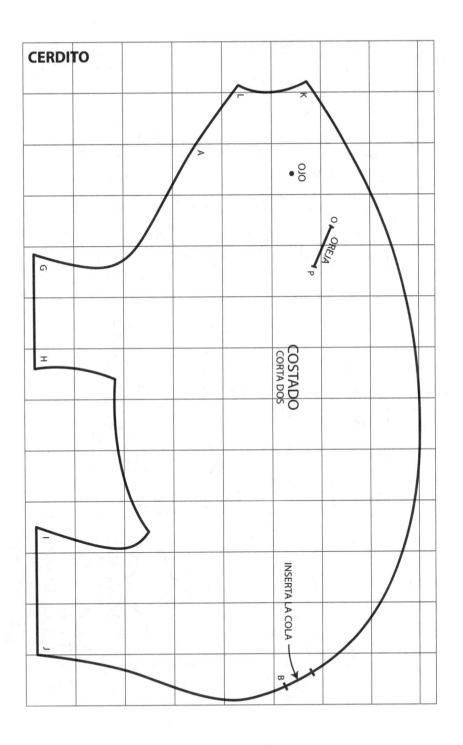

CERDITO

L K

A

OJO

O OREJA P

COSTADO
CORTA DOS

G

H

I

J

INSERTA LA COLA

B

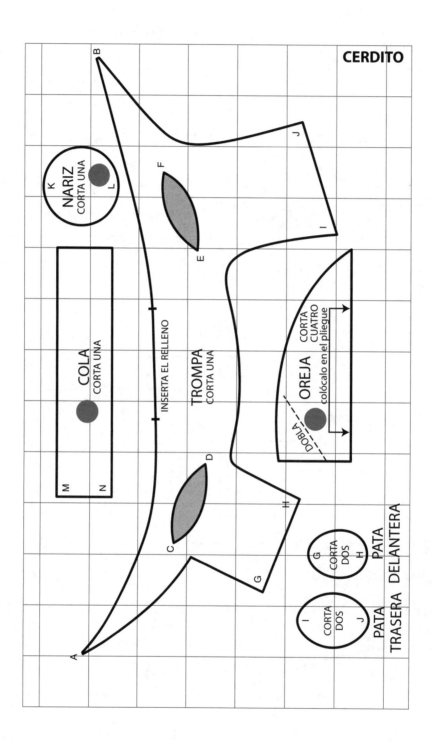

CERDITO

NARIZ
CORTA UNA

COLA
CORTA UNA

INSERTA EL RELLENO

TROMPA
CORTA UNA

OREJA
CORTA
CUATRO
colócalo en el pliegue

DOBLA

PATA
DELANTERA

PATA
TRASERA

CORTA
DOS

CORTA
DOS

BOLA CHINA

ALTURA: 9 cm   NIVEL: AVANZADO

Nota: Te recomiendo que uses una máquina de coser. Si la bola se hace como un ornamento en lugar de un juguete para un bebé, se puede decorar en forma elaborada como lo hacen en China, donde se fabrican de seda, satín y terciopelo, con bordados y borlas.

VAS A NECESITAR

Tela de tejido denso de 100 × 20 cm para los segmentos superiores (X)

Tela contrastante de tejido denso de 100 × 25 cm para los segmentos inferiores (Y)

Adornos como cuentas, lentejuelas y borlas, de acuerdo a lo que quieras

Relleno

Corta todos los patrones. El margen para costura es de 3 mm.

1 Coloca los frentes (F) juntos y cose dos piezas Y a cada lado de una sola pieza X.

2 Cose alrededor de cada lado Y desde el punto A hasta el punto B, dejando un espacio para voltear y rellenar de 25 mm.

3 Voltea para que quede hacia el frente (F) y rellena con mucha firmeza antes de hacer una puntada invisible para cerrar el espacio.

inserta el relleno

4 Repite los pasos anteriores para los 11 segmentos restantes de la bola.

5 Toma cuatro segmentos y une las puntas cosiéndolas, como se muestra.

6 Dobla los cuatro segmentos para formar un círculo.

7 Une otro grupo de cuatro segmentos y crea un segundo círculo en ángulo recto con respecto al primero. Une los extremos del segundo círculo.

8 Une los cuatro últimos segmentos; crea una última cadena que se colocará por arriba y por debajo de la bola existente, según se muestra.

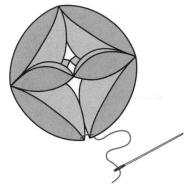

9 Asegúrate de que el bucle de hilo se encuentre por debajo del otro bucle de hilo, de manera que el siguiente segmento se encuentre arriba de la siguiente unión.

10 Coloca los segmentos por debajo del siguiente cruce de secciones.

11 Deja que los últimos segmentos queden arriba del último cruce de secciones.

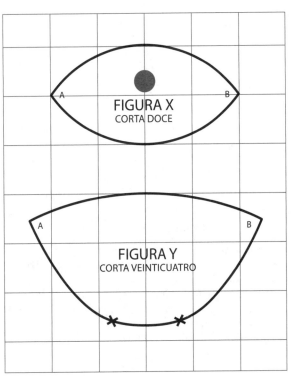

FIGURA X
CORTA DOCE

FIGURA Y
CORTA VEINTICUATRO

12 Asegura y completa toda la bola, uniendo los últimos dos segmentos que quedaron sueltos.

GATO

ALTURA: 30 cm   NIVEL: AVANZADO

VAS A NECESITAR

Cuadrado de la tela densa del color principal de 60 cm

Tela densa contrastante de 25 × 20 para el rostro, las patas y la cola

Recortes de tela ligera (por ejemplo, una camiseta vieja) de 25 × 20 cm para las bolsas interiores

Arroz sin cocinar o bolitas de plástico para las bolsas interiores

Hilo de bordado negro para el rostro, los bigotes y las zarpas

Relleno

Corta todos los patrones. El margen para costura es de 5 mm.

1 Toma una oreja interna y una oreja externa (de colores contrastantes), pon los frentes (F) uno contra el otro y cose desde el punto A pasando por el punto B hasta el punto C. Voltea al frente (F), usando una aguja de tejer para sacar los puntos.

2 Cose la punta de la cola contrastante a la sección principal de la cola desde el punto D hasta el punto E. Dobla la cola por el frente (F) a lo largo y cose a lo ancho la parte superior al doblez en el punto G, luego voltéalo y cose el borde largo, dejando abierta la base de la cola.

3 Voltea hacia el frente. Coloca el extremo cerrado en la parte posterior de una aguja para tejer y ve haciendo que la tela baje hasta que la punta de la cola aparezca con su lado correcto. Toma la punta de la cola y jala el resto para que quede por el lado correcto.

4 Coloca las partes que rodean al rostro con los frentes (F) juntos, sujétalas con alfileres o hilvánalas y luego cose desde el punto H hasta el punto I y luego desde el punto J hasta el punto K.

5 Cose unas pinzas en las secciones superior e inferior del rostro, desde el punto N hasta el punto O, y desde el punto P hasta el punto Q.

6 Con los frentes (F) juntos, une la parte superior y la parte inferior del rostro desde el punto L hasta el punto M.

7 Cose la parte completa que rodea todo el rostro, ajustando el punto O al punto K, y el punto Q al punto I.

8 Coloca los frentes (F) juntos, une las dos partes posteriores de la cabeza desde el punto R hasta el punto S.

9 Toma la combinación del rostro, la parte posterior de la cabeza y las dos orejas. Coloca las orejas con cuidado ya que definen el carácter del gato. Sujeta con alfileres la parte interna de las orejas, de manera que queden en dirección al rostro, teniendo los extremos abiertos alineados con el borde exterior de la cabeza.

10 Con los frentes (F) juntos, sujeta con alfileres, hilvana y cose la parte posterior de la cabeza a la parte delantera, ajustando los puntos R y J. Cose de lado a lado por la parte superior de la cabeza desde el punto T hasta el punto U. Voltea la cabeza hacia el lado correcto.

11 Con los frentes (F) juntos, hilvana y cose cada sección de las piernas a la parte delantera del cuerpo desde los puntos V hasta el punto W.

12 Toma las dos secciones separadas posteriores del cuerpo y completa la sección delantera. Con los frentes (F) juntos, sujeta con alfileres e hilvana las zarpas con las zarpas y las patas con las patas antes de coser por cada costado desde los puntos Y hasta los puntos X.

13 Coloca los frentes (F) juntos de dos secciones posteriores abiertas e inserta la cola como se indica. A continuación, sujeta con alfileres, hilvana y cose desde el punto A1 hasta la costura posterior, asegurándote que los puntos C1 se unan en la parte delantera y en la parte posterior.

Inserta las orejas entre las capas de la cabeza

OREJA

PARTE POSTEIOR DE LA CABEZA (R)

ROSTRO (F)

PARTE QUE RODEA EL ROSTRO

ROSTRO (R)

PUNTA DE LA COLA

(R)

PARTE PRINCIPAL DE LA COLA

PARTE DELANTERA DEL CUERPO (R)

PARTE DELANTERA DE LA PIERNA

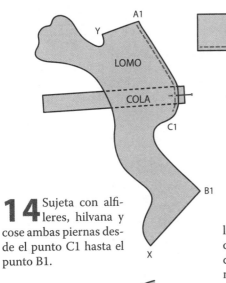

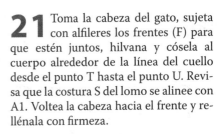

14 Sujeta con alfileres, hilvana y cose ambas piernas desde el punto C1 hasta el punto B1.

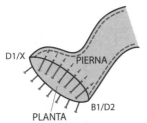

15 Sujeta con alfileres, hilvana y cose las plantas contrastantes a las patas abiertas de manera que D1 se una a X, y D2 se una a B1.

16 Voltea las secciones del cuerpo completo hacia el frente.

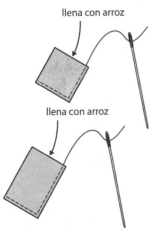

17 Cose el recorte de tela para formar dos bolsas pequeñas, que en su tamaño terminado formarán cuadrados de 2.5 cm, para dar peso a las zarpas. Haz lo mismo, con un tamaño terminado de 5 x 2.5 cm para las patas. Llénalos con arroz sin cocinar o con bolitas de plástico y cose cada bolsa para cerrarla. Coloca las dos bolsas más grandes a lo largo dentro de las patas y las más pequeñas dentro de las zarpas.

18 Con hilo negro para bordar, haz puntos por encima de las zarpas que están en las curvas entre los "dedos", hasta una profundidad de 5 mm. No rellenes ni las piernas, ni los brazos.

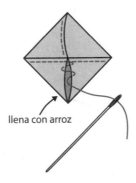

Ilena con arroz

19 Haz la bolsa pirámide con un cuadrado de recorte de tela más grande, de 10 cm. Dobla las puntas para que se unan en el centro, formando cuatro triángulos. Únelas cosiendo tres de los triángulos, desde la cúspide hasta el doblez. Llénala con arroz o con bolitas de plástico a través de la abertura restante y cose para cerrarla.

20 Al colocarla en la base del cuerpo, la pirámide le da peso al gato y permite que se siente bien. Llena el resto del cuerpo, recordando dejar vacías las extremidades.

21 Toma la cabeza del gato, sujeta con alfileres los frentes (F) para que estén juntos, hilvana y cósela al cuerpo alrededor de la línea del cuello desde el punto T hasta el punto U. Revisa que la costura S del lomo se alinee con A1. Voltea la cabeza hacia el frente y rellénala con firmeza.

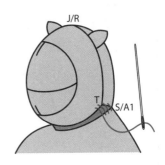

22 Haz una puntada invisible con nitidez y dobla hacia adentro el margen para costura de manera uniforme, cose la parte delantera de la cabeza del gato a la parte delantera del cuerpo.

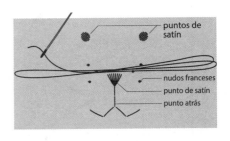

23 Borda los rasgos usando puntadas simples de bordado (p. 48) según se indique. Márcalos primero usando un marcador de tela o con hilo para hilvanar. Si no quieres nudos franceses resaltados, cose los puntos de los bigotes en una diminuta formación de estrella. Para crear los bigotes caídos, pon un hilo doble en tu aguja y pasa a través del rostro desde un punto singular de un bigote en un cachete al punto correspondiente en el otro cachete, dejando un bucle largo cada vez. Corta los bucles y después sujeta los bigotes con nudos cercanos a los puntos. Recórtalos en caso de ser necesario.

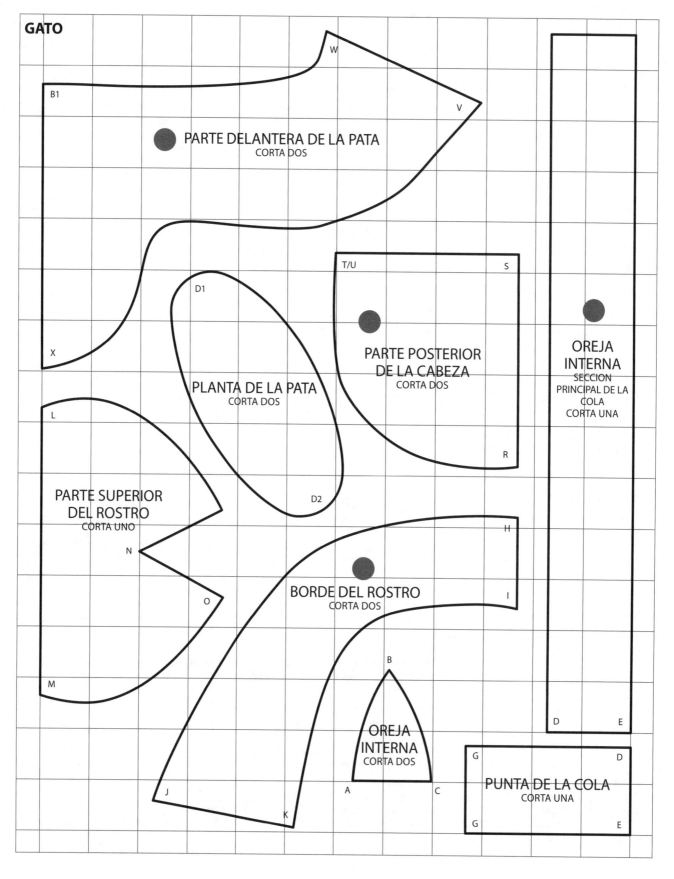

GATO

W

B1

● PARTE DELANTERA DE LA PATA
CORTA DOS

V

T/U   S

D1

●

X

PARTE POSTERIOR
DE LA CABEZA
CORTA DOS

OREJA
INTERNA
SECCION
PRINCIPAL DE LA
COLA
CORTA UNA

PLANTA DE LA PATA
CORTA DOS

R

L

D2

PARTE SUPERIOR
DEL ROSTRO
CORTA UNO

H

N

●

O

I

BORDE DEL ROSTRO
CORTA DOS

B

M

D   E

OREJA
INTERNA
CORTA DOS

G   D

PUNTA DE LA COLA
CORTA UNA

J

A   C

K

G   E

GATO

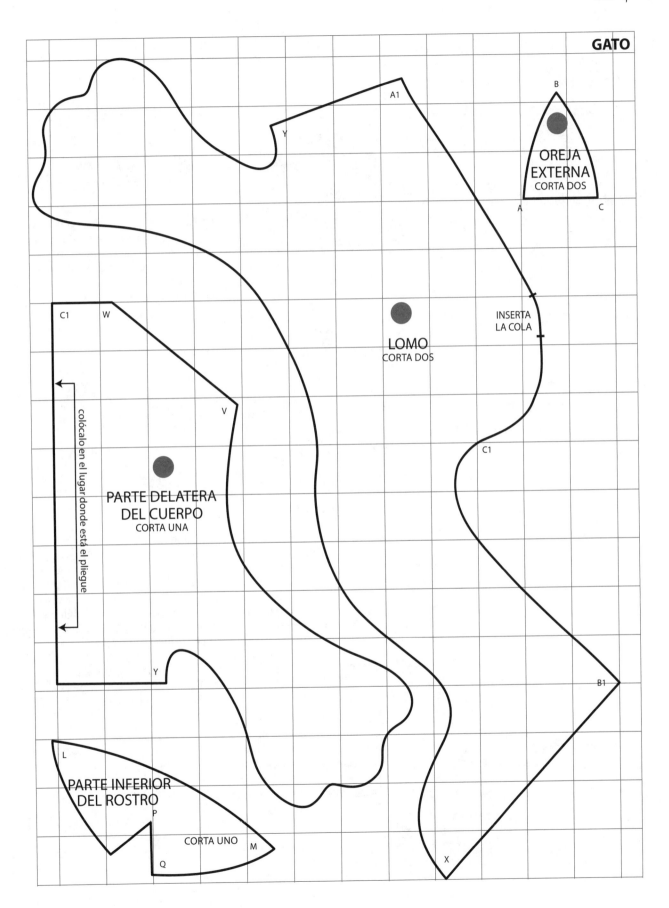

OREJA
EXTERNA
CORTA DOS

B

A   C

INSERTA
LA COLA

LOMO
CORTA DOS

A1

Y

C1   W

V

colócalo en el lugar donde está el pliegue

PARTE DELATERA
DEL CUERPO
CORTA UNA

C1

Y

B1

PARTE INFERIOR
DEL ROSTRO

L

P

CORTA UNO

M

Q

X

CONEJO PARA ABRAZAR

ALTURA: 32 cm   NIVEL: INTERMEDIO

VAS A NECESITAR

Tela de lana para el color principal 100 × 50 cm

Tela suave de satín de 60 × 50 cm para el forro

Hilo de bordado para el rostro, para que coordine con el color del forro

Relleno

Corta todos los patrones. El margen para costura es de 5 mm.

Usa los patrones para la cabeza y el rostro del gato (p. 40 y 41) además de los patrones para las orejas y el cuerpo que están en la siguiente página.

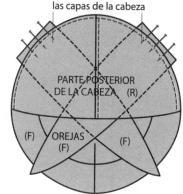

4 Inserta el relleno en la cabeza.

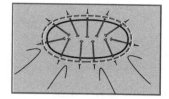

5 Corta una pieza pequeña de tela de lana, un cuadrado de aproximadamente 7 cm. Sujeta el agujero con alfileres y fíjalo con seguridad sobre la articulación de la cabeza/cuerpo para mantener el relleno en su lugar.

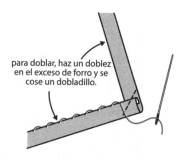

para doblar, haz un doblez en el exceso de forro y se cose un dobladillo.

1 Sigue las instrucciones para la cabeza del gato (p. 42 y 43), pero inserta las orejas del conejo en lugar de insertar las del gato.

2 Dobla el cuadrado del cuerpo en cuartos para encontrar el centro y haz ahí un pequeño agujero.

3 Coloca la cabeza vacía sobre el agujero de la tela de lana y haz una puntada invisible para unir la cabeza y la tela de la lana en forma nítida, ocultando todos los bordes toscos.

6 Habiendo colocado los revéses (R) uno contra el otro, sujeta con alfileres e hilvana el forro al cuadrado de la tela de lana. Dobla el forro hacia el frente (F) del cuadrado de la tela de lana, como se muestra. Fija con alfileres, hilvana y cose un dobladillo del forro como un borde decorativo fijo.

7 Borda el rostro del conejo como se ilustra. Los ojos adormilados y las pestañas son opcionales.

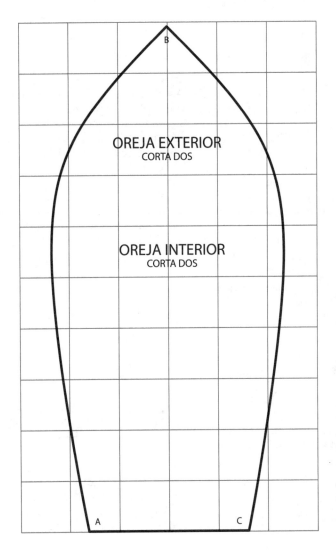

OREJA EXTERIOR
CORTA DOS

OREJA INTERIOR
CORTA DOS

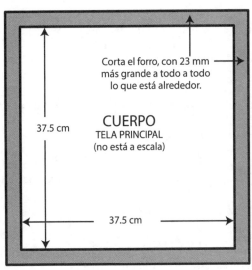

Corta el forro, con 23 mm
más grande a todo a todo
lo que está alrededor.

CUERPO
TELA PRINCIPAL
(no está a escala)

37.5 cm

37.5 cm

OSO TEDDY MINIATURA

ALTURA: 57 mm   NIVEL: AVANZADO

Nota: El oso Teddy miniatura sólo se cose a mano, usando un punto de festón pequeño.

VAS A NECESITAR

Tela de franela muy fina (o una tela similar) de 20 × 15 cm

Cuadrado de tela contrastante de 5 cm para las almohadillas de las patas

Dos cuentas diminutas negras para los ojos

Hilo para bordar negro o café para la nariz y la boca

Relleno

Corta todos los patrones. El margen para costura es mínimo; depende únicamente del tamaño de tu puntada.

PIERNA

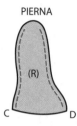

3 Coloca los frentes (F) juntos, cose las piernas por cada lado, dejando espacios en la parte superior para llenarlas.

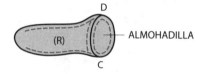

ALMOHADILLA

4 Inserta una almohadilla de la pata en cada pierna, ajustando los puntos C y D.

5 Voltea las piernas hacia el frente y rellénalas con firmeza antes de cerrarlas haciendo una puntada invisible.

BRAZO

1 Coloca los frentes (F) juntos, cose los brazos, dejando espacios en la parte superior para el relleno.

2 Voltea los brazos hacia el lado correcto y llénalos con firmeza antes de hacer una puntada invisible para cerrarlos.

CABEZA

6 Con los frentes (F) juntos, cose el refuerzo en las piezas de la cabeza desde el punto A hasta el punto B en ambos lados del refuerzo. Luego une las piezas de la cabeza cosiéndolas desde el punto A hasta la línea frontal del cuello.

7 Voltea la cabeza hacia el lado correcto e inserta el relleno de manera tan firme como sea posible, pero no la cierres.

8 Con los frentes (F) juntos, cose el refuerzo del cuerpo en las piezas del cuerpo desde el punto E hasta el punto F en ambos lados del refuerzo. Continúa con la costura de la parte posterior del cuerpo desde el punto F hasta la línea posterior del cuello.

9 Voltea el cuerpo hacia el lado correcto, inserta el relleno con tanta firmeza como sea posible, pero no lo cierres.

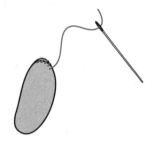

10 Ensarta la aguja con hilo y aplica doble hilo de algodón. Haz un nudo para unir los extremos.

11 Une los brazos por medio de una puntada oculta a través del cuerpo, tres veces. Saca la aguja entre el cuerpo y el brazo y enrolla el hilo alrededor de sí mismo antes de amarrarlo en un nudo.

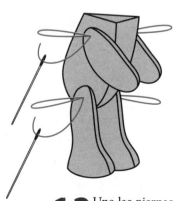

12 Une las piernas en la misma forma.

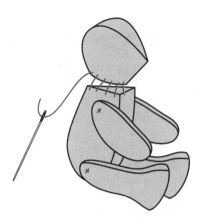

13 Haz una puntada invisible para unir la cabeza al cuerpo. Puedes añadir un cierto carácter a tu oso girando la cabeza ligeramente o inclinándola en un ángulo.

OREJA

14 Con los frentes (F) juntos, cose alrededor de las orejas desde el punto G hasta el punto H y voltéalas hacia el lado correcto.

15 Une las orejas a la cabeza. De nuevo, puedes agregar carácter al coserlas en diferentes ángulos.

16 Cose las cuentas negras diminutas al rostro para formar los ojos, o bórdalos con nudos franceses (p. 48).

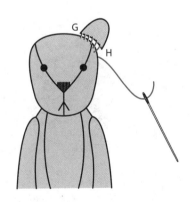

17 Termina el rostro bordando la diminuta nariz y el hocico, como se muestra.

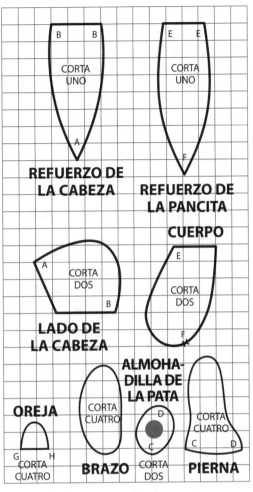

LA REJILLA DE ESTE PATRÓN ES DE SOLO 5 MM

Se puede aumentar la escala de este patrón (p. 7) para crear un oso Teddy tradicional de cualquier tamaño. Un oso de mayor tamaño te da la oportunidad de trabajar con telas a una mayor escala tales como el terciopelo de pelo largo o la piel sintética. (Véase la p. 10 para los detalles acerca de la seguridad para los ojos).

Para un oso Teddy con extremidades con movimiento, probablemente decidas usar los discos fabricados de las articulaciones. Consisten de un disco principal y un poste, un segundo disco plano y una junta (p. 10).

Haz un pequeño agujero con las tijeras de bordado en la posición de la articulación en cada brazo o pierna antes de rellenarlos, y luego voltéalos al frente (F). Empuja la sección del poste para que pase a través del frente (F) de cada extremidad. Inserta el relleno y cose la articulación para cerrarla.

Haz agujeros en las posiciones correspondientes de las articulaciones en el cuerpo del oso antes de rellenarlo, cerca de la línea de costura. Luego voltea el cuerpo al frente (F). Empuja la sección del poste a través de cada agujero desde el exterior al interior de la cavidad del cuerpo. Haz una puntada invisible en el segundo disco sobre cada poste y fíjalo de manera permanente empujando la junta hacia abajo tanto como sea posible en cada uno de los cuatro postes. Rellena firmemente el cuerpo del oso y cierra con una puntada.

PUNTADAS ÚTILES

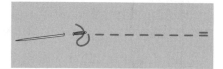

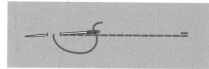

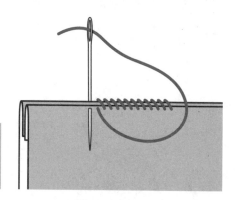

Puntada sencilla La más simple y la más básica de las puntadas, se usa para costuras y uniones. Asegura el hilo con dos pequeñas puntadas. Con la aguja hacia el frente, introdúcela en la tela y sácala de nuevo con un solo movimiento. La puntada y el espacio deben tener igual longitud. Asegúrala con una puntada atrás.

Puntada atrás Imita la costura a máquina. Comienza de la misma manera que con la puntada sencilla y luego da una puntada hacia atrás sobre el primer espacio. Saca la aguja de nuevo a la longitud de una puntada hacia delante de la última puntada que hiciste. Repite con la aguja hacia atrás de nuevo en el punto en el que termino la puntada previa.

Punto por encima Se usa para unir y coser dos bordes ordenados. Asegura el hilo con dos pequeñas puntadas y continúa con puntadas parejas y diagonales, que tengan separaciones iguales.

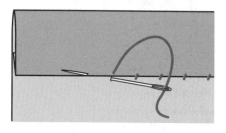

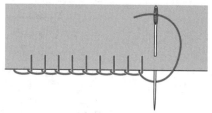

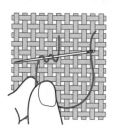

Puntada o bastilla invisible Toma unos cuantos hilos de la tela con la aguja, entra en el doblez y deslízate por dentro hasta 1 cm antes de salir para hacer la siguiente puntada.

Punto de festón Asegura el hilo en la parte posterior y hazlo pasar en el borde de la tela. Mete la aguja del frente hacia atrás a la altura y a la distancia deseadas de la puntada hacia la derecha. Pasa la aguja a través del bucle, formando una media puntada y aprieta el hilo contra el borde de la tela. Repítelo para formar una fila.

Nudo francés

1 Enrolla el hilo dos veces alrededor de la aguja y jala suavemente para apretar las vueltas hacia la punta.

2 Inserta la aguja cerca del punto de salida y con tu pulgar en las vueltas, jala el hilo con suavidad pero con firmeza para que pase a través de la tela, dejando un nudo en la superficie.

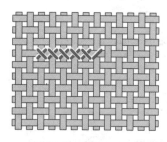

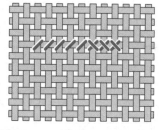

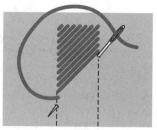

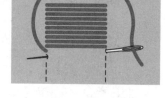

Punto de cruz El método tradicional inglés (a la izquierda) completa cada X antes de continuar a la siguiente. El método danés (a la derecha) hace primero una pata de las X y luego las completa en la pasada* de regreso.

Punto de satín Realiza los puntos de satín muy de cerca para cubrir totalmente la tela de la base. Mete y saca la aguja en el mismo ángulo en un contorno definido.

---

* **Hilera o pasada:** Es cuando tejemos todos los puntos de la aguja izquierda a la derecha.